企業訴訟
実務問題
シリーズ

森・濱田松本法律事務所 [編]

弁護士 伊藤憲二・大野志保・市川雅士
渥美雅之・柿元將希 [著]

Antitrust Litigation

独禁法訴訟

中央経済社

はしがき

　日本の独禁法（私的独占の禁止及び公正取引の確保に関する法律）は現在変革期にある。裁量型課徴金制度や確約手続の導入など，執行機関である公取委（公正取引委員会）の事件処理能力を高める方向での議論が進んでおり，今後執行の活発化が予想される。また，公取委は，これまで入札談合など従来型の違反行為を中心に摘発を行ってきたが，近時，IT・デジタル分野など，最先端の企業活動に対する法執行にも意欲を示しており，対象案件の多様化が進んでいる。

　かたや民事訴訟に目を転じてみると，従来日本では，独禁法に係る訴訟が提起されることは比較的まれであり，訴訟件数もさほど多くなかったといえる。しかしながら，今後，公取委の執行が活発化し，執行対象となる案件が多様化することで，民事訴訟に移行するケースも増加すると予想される。また，株主等のステークホルダーの目が厳しくなる中で，企業間の紛争に際し，独禁法訴訟を「武器」として使い，自社に有利な解決を導く戦略法務の重要性も叫ばれており，日本における独禁法訴訟の今後の動向が注目されている。

　また，米国では，独禁法違反行為が発覚した場合には，ほぼ例外なく，原告専門弁護士によるクラスアクション等の訴訟提起がなされ，その不合理かつ攻撃的な訴訟戦略に頭を悩ませる日本企業も多い。このような訴訟攻勢に対し，確固たる戦略的視座のもと，毅然と立ち向かうことが，米国でビジネスを行う日本企業にとって必要ではないだろうか。

　本書は，森・濱田松本法律事務所編集の「企業訴訟実務問題シリーズ」の1つの巻として，今後益々重要性を増す独禁法訴訟について，同事務所において独禁法実務を担当する専門弁護士が，それぞれの実務経験に根差した知見に基づいて解説を行っている。他の解説書に比べ，「いかに独禁法訴訟に勝つか」という点を念頭に置いた実務的な内容となっており，日本企業にとって重要性

はしがき

の高い米国クラスアクションについての解説にも多くの紙面を割いている点が，他の類似書にない特徴であろう。本書が，日米における独禁法訴訟に携わる企業法務担当者や法曹実務家のお役に立てば幸いである。

　本書の執筆にあたっては，株式会社中央経済社の露本敦氏と川副美郷氏に，校正その他について多大なご尽力をいただいた。この場をお借りして御礼を申し上げる。

　　平成29年3月

　　　　　　　　　　　　　　　　　　　　　　　　執筆者を代表して
　　　　　　　　　　　　　　　　　　　　　　　　弁護士　伊藤　憲二

目　次

第1章　独禁法訴訟の概要

第1節　独禁法訴訟の主な類型 ―――――――――――――― 2

第2節　独禁法訴訟の特殊性―独禁法訴訟で勝つためには ――― 4
1　抽象的な法概念の解釈の難しさ／4
2　公取委の有する強力な調査権限／5
3　長期にわたる手続と違反行為に対する制裁の大きさ／5
4　海外における調査・訴訟対応の必要性／6

第2章　カルテル―違反被疑事件

第1節　はじめに ――――――――――――――――――― 10

第2節　行政手続および抗告訴訟 ――――――――――――― 12
1　公取委による行政手続―抗告訴訟を見据えた対応の要点／12
2　抗告訴訟／28

第3節　カルテル事件における主な論点 ―――――――――― 36
1　意思の連絡／37
2　相互拘束／44
3　一定の取引分野における競争の実質的制限／48

目　次

第4節　カルテル事件における立証方法の要点 ———— 52

1. 書証がない事案における人証の重要性／52
2. 専門的な知見の活用／53
3. 課徴金減免申請者から提供された証拠の信用性／53
4. フォレンジックによる調査／54

第3章　カルテル―損害賠償請求

第1節　はじめに ———— 58

第2節　損害賠償をめぐる訴訟外の交渉と和解 ———— 60

1. 訴訟と訴訟外の和解／60
2. 違約金条項とその役割／61
3. 和解交渉のポイント／62

第3節　損害賠償請求訴訟の法的根拠 ———— 64

1. 民法709条と独禁法25条／64
2. 不当利得返還請求訴訟／66

第4節　損害の認定 ———— 69

1. 損害認定の基本的考え方（差額説）／69
2. 鶴岡灯油訴訟事件／69
3. 想定価格の算出手法／72
4. 民訴法248条による裁判所の損害認定／74

第5節　証拠の収集 ———— 77

1. 概　要／77

2 旧法下の審判記録の閲覧・謄写の実務／78
3 公取委の事件記録の開示を求める方法／79
4 公取委の確定した命令の民事訴訟に及ぼす効果／83
5 取消訴訟の訴訟記録の閲覧・謄写／85

第4章 私的独占・不公正な取引方法

第1節 はじめに ─── 88

1 本章で取り扱う行為類型／88
2 私的独占等の特徴／89
3 私的独占等に関する手続の概観／91

第2節 行政手続・抗告訴訟 ─── 98

1 公取委による行政手続／98
2 抗告訴訟／104

第3節 損害賠償請求訴訟 ─── 125

1 概　要／125
2 違法行為／127
3 故意・過失／128
4 損害論／130

第4節 差止請求訴訟 ─── 132

1 概　要／132
2 「著しい損害」要件に関する裁判例の分析／133
3 違反行為の時期／138
4 差止請求認容の効果／138
5 不正競争防止法3条との関係／140

目　次

第5章　米国独禁法訴訟―クラスアクション

第1節　はじめに ——————————————————— 144

第2節　米国訴訟手続の概要 ————————————— 145
1　米国訴訟における主なプレーヤー／145
2　訴訟手続の流れ／149

第3節　独禁法訴訟の特徴 ——————————————— 155
1　当局による法執行の存在／155
2　リニエンシー申請者による協力／156
3　賠償額を増加させる制度の存在／158
4　MDLにおける併合審理／161
5　損害額の大きさ／162
6　被告となった日本企業の獲得目標／163

第4節　各訴訟手続における鍵となる戦略 ————————— 169
1　訴え提起段階／169
2　ディスカバリー段階／183
3　クラス認証／198
4　サマリージャッジメント／203

事項索引 ——————————————————————— 205
判例索引 ——————————————————————— 208

凡　例

■法令名等

独禁法：私的独占の禁止及び公正取引の確保に関する法律
民訴法：民事訴訟法
刑訴法：刑事訴訟法
行訴法：行政事件訴訟法
景表法：不当景品類及び不当表示防止法
一般指定：不公正な取引方法（平成21年10月28日公取委告示第18号）
意見聴取規則：公正取引委員会の意見聴取に関する規則
減免規則：課徴金の減免に係る報告及び資料の提出に関する規則
優越的地位濫用ガイドライン：優越的地位の濫用に関する独占禁止法上の考え方
流通・取引慣行ガイドライン：流通・取引慣行に関する独占禁止法上の指針

■判例集・雑誌

民（刑）集：最高裁判所民（刑）事判例集
高民（刑）集：高等裁判所民（刑）事判例集
行集：行政事件裁判例集
審決集：公正取引委員会審決集
判時：判例時報
判タ：判例タイムズ
金判：金融・商事判例
ジュリ：ジュリスト
法時：法律時報

第1章 独禁法訴訟の概要

　独禁法の条文上定められている要件には抽象的なものが多く，個別事例の当てはめにおいて，独禁法違反が成立するか否かの解釈が必ずしも容易ではないという特徴がある。また，違反行為に対して調査・処分を行う公取委には強力な調査権限があり，違反行為を争う場合の手続面・費用面等の負担は決して小さなものではない。さらに，日本企業が，海外当局による調査・処分の対象となったり，海外で民事訴訟を提起されたりする事例も増加している。本章では，このような独禁法の特徴や近時の傾向を踏まえ，独禁法訴訟の概要について説明する。

第 1 節

独禁法訴訟の主な類型

　独禁法が問題となる訴訟には，さまざまな類型がある。

　まず，典型的には，競合会社間のカルテル・談合（独禁法3条に定める不当な取引制限）によって市場における実質的な競争が制限されたとして，公正取引委員会（以下「公取委」という）から排除措置命令・課徴金納付命令等の処分を受けた事業者が，その処分の適法性を争うために提起する抗告訴訟が挙げられる。近年，カルテル・談合により事業者が巨額の課徴金を課せられる事例が相次いでおり，カルテル・談合の嫌疑あるいは処分を受けた場合の対応は日本企業にとって重大な課題となっている。本書では，まず，**第2章**において，かかるカルテル・談合の嫌疑を受けた場合に，抗告訴訟を見据えて，いかに公取委の調査に対応すべきか，また，抗告訴訟を提起した後にどのように主張立証活動を行っていくべきかを解説する。

　また，カルテル・談合により損害を被った被害者は，違反事業者に対して損害賠償請求権を行使することが可能であり，このような損害賠償請求訴訟（あるいは裁判外の和解交渉）において，損害額をいかに算定するか等も問題となる。**第3章**においては，かかるカルテル・談合により損害を被った被害者による違反事業者に対する損害賠償請求に関する論点や立証方法等について解説する。

　さらに，カルテル・談合以外に，独禁法が定める違反行為類型として私的独占および不公正な取引方法が挙げられる。事業者の行為が私的独占および不公正な取引方法であるとして公取委の処分を受けた場合も，事業者としては多額の課徴金の支払の他，これまでのビジネス形態を変更することを迫られる等の重大な不利益を被るおそれがあることから，適切に防御権を行使するための対

応が重要となる。**第4章**では，これらの行為により公取委から処分を受けた場合の対応および抗告訴訟の実務および私人間の損害賠償請求訴訟・差止請求訴訟について取り上げる。

　最後に，近年，国際的なカルテル等の摘発事例が増加しており，日本企業が日本国内で行ったカルテルであっても，対象製品が米国に輸出されていた場合等には，米国において日本企業に対するクラスアクション（集団訴訟）が提起され，長期間にわたって高額のコストが生じる訴訟手続への対応を迫られると共に，巨額の和解金を支払わざるを得なくなるといった事例も数多く発生している。国際カルテルへの法的対応は米国のみならず，多数の国で必要となるが，特に米国におけるクラスアクションは，近年活発に日本企業に対して提起されており，かつ，その負担も重いものとなることから，**第5章**において，かかる米国クラスアクションへの実務的な対応について説明を行う。

第2節

独禁法訴訟の特殊性
—独禁法訴訟で勝つためには

1 抽象的な法概念の解釈の難しさ

　独禁法の特徴の1つとして，たとえば，多くの規定において効果要件とされている「一定の取引分野における実質的な競争の制限」，独禁法2条5項に定める私的独占の要件である「排除」ないし「支配」，同条6項に定める不当な取引制限における「共同して……相互にその事業活動を拘束し，又は遂行すること」から導き出される黙示の合意の要件など，評価的要素の強い，抽象的な要件が多いという点が挙げられる。

　つまり，条文の文言のみから導き出される要件に形式的に事実関係を当てはめるだけでは違反行為が成立するか否かの結論が出ないことが多く，違反行為の有無を判断するためには，条文に定められた評価的要件を根拠付ける事実や評価的要件の成立を妨げる事実としてどのようなものがあり得るかを分析したうえで，具体的な事実関係が法律の規定する抽象的な要件に該当するか否かの検討を行うことが必要となる。

　したがって，独禁法訴訟を遂行するうえでは，裁判例・審決例等の先例や公取委が示す解釈の指針等を踏まえ，こうした抽象的な法概念をいかに丹念に解釈して，評価的要件を具体的事実と結び付けたうえで，実際の事案に応じた主張立証活動を行うかが重要となるのであり，先例等に関する高度な専門的知識と個別の事案における丁寧な検討が必要となる。

　また，近年は，「一定の取引分野における実質的な競争の制限」に関する争点や私企業間の損害賠償請求訴訟における損害額の認定等において，価格や数量の推移等を示すデータを経済理論に基づく手法によって分析する，いわゆる

「経済分析」を用いた主張立証活動が行われることも増加しており，こうした経済分析も含む専門的な知見の重要性がより一層増しているといえる。

2 公取委の有する強力な調査権限

独禁法の違反行為に対して調査・処分を行う公取委には，立入検査や文書等の提出命令を含む強制的な調査権限が広範に認められているという点も，独禁法訴訟の重要な特徴の1つである。2006年に導入された課徴金減免制度（リニエンシー制度）に基づいて自らの違反行為を自主的に公取委に報告する事業者から提供される情報・証拠も，違反行為の発見のために積極的に用いられており，公取委の証拠収集能力をより強力なものとしている。

通常の私人間における民事訴訟であれば，文書提出命令等の手続を用いて相手方が保有している文書等について証拠収集をすることは認められているものの，実務上，その範囲は限定されており，自社が保有している文書等の証拠のうち，自社にとって不利なものが裁判手続において用いられるかどうかはある程度コントロール可能である。しかし，公取委が相手方となる抗告訴訟においては，上述した公取委の強力な調査権限を背景として，自社に不利な証拠が用いられる可能性が高くなるのである。

したがって，独禁法訴訟のうち，抗告訴訟においては，通常の私人間における民事訴訟とは異なり，こうした強力な調査権限に基づく証拠収集能力を有している公取委に対峙する必要があることを念頭に置いて，戦略的に主張立証方針を検討する必要がある。

3 長期にわたる手続と違反行為に対する制裁の大きさ

さらに，独禁法が問題となる手続・訴訟は長期間にわたり，その対応に要するコスト・負担が非常に大きなものとなる傾向にある。公取委の処分に不服がある場合に申し立てる審判手続に要する期間は平均して約2年程度であり，それ以前の審査・処分前手続の期間や審判に対して更に東京高等裁判所に不服を

申し立てる場合の期間も考慮すると，事件全体が決着するまで数年間かかることも珍しくない。なお，後述するように，平成25年改正により審判制度は全面的に廃止され，公取委の処分に対する不服申立ての方法は抗告訴訟に一本化されたが，独禁法訴訟においては上述するような高度な専門的判断が必要になることを考えると，改正後の抗告訴訟も長期にわたる手続となる可能性がある。さらに，米国のクラスアクションをはじめとする海外の手続も，ディスカバリー等への対応を含めて数年間かかるのが通常であり，手続対応に要するコストや負担も非常に大きなものとなる。

　一方で，違反行為があったと認定された場合の課徴金や民事損害賠償金等の経済的負担が非常に大きなものとなる傾向にあるという点も，独禁法違反行為が問題となる案件の特徴である。日本の独禁法においては犯則調査制度も設けられており，実際に重大な違反行為が刑事事件として立件されるケースもある。また，米国では，個人に対する刑事罰も積極的に科されており，実際に日本企業の役職員が米国で禁錮刑を科されて収監される事例も近年多く見受けられる。独禁法違反行為があったことが公になった場合の企業のレピュテーションに与えるダメージや入札資格停止などの付随的な制裁のリスクが大きいことも言うまでもない。

　したがって，独禁法が問題となる手続・訴訟においては，違反行為の有無を争うか否かの判断に際して，長期的な手続対応に要するコスト・負担と違反行為が認定された場合の企業に与える損害を勘案して，先例等における実務経験や当局による判断・処分の傾向も踏まえた戦略的な検討を行うことが重要になる。

４　海外における調査・訴訟対応の必要性

　上述した通り，日本企業が日本国内で行った独禁法違反行為であっても，対象製品が海外に輸出され，海外の市場における競争に影響を与えたと判断された場合，海外の独禁法・競争法への抵触が問題となり（いわゆる「域外適用」），海外競争当局による処分の対象となったり，被害を受けたと主張する被害者から海外の裁判所において民事訴訟を提起されたりする可能性があり，現に，グ

ローバルに事業を展開する日本企業がこうした海外の手続に巻き込まれるケースは近年とみに増加している。

　後述する弁護士秘匿特権への配慮や，ディスカバリー等において膨大な証拠を提出させられる可能性を踏まえた文書管理の必要性等が典型的なポイントであるが，独禁法違反行為が問題となる事案においては，こうした海外における処分・訴訟のリスクも考慮しながら対応をしていく必要があるという特徴がある。

第2章

カルテル
―違反被疑事件

　近年，カルテル・談合により日本企業が巨額の課徴金を課せられる事例が相次いでおり，カルテル・談合の嫌疑をかけられ，または，公取委による処分の対象となった場合の対応は重大な課題となっている。公取委による行政調査の段階から，裁判所において処分の適法性を争う抗告訴訟に至るまで，手続の流れと実務的な留意点を理解したうえで，戦略的に対応することが重要となる。本章では，公取委による行政調査や処分の対象となった企業が留意すべき実務上のポイントを手続ごとに説明する。

第1節 はじめに

　不当な取引制限は，複数の事業者がその事業活動を相互に拘束し，共同で遂行することにより，一定の取引分野における競争を実質的に制限する行為であり，入札談合，価格協定，数量制限協定，市場分割協定等に分類される（以下，不当な取引制限のことを単に「カルテル」ということがある）。

　事業者により不当な取引制限に該当する行為が行われた場合，排除措置命令（独禁法7条）および課徴金納付命令（同法7条の2第1項）の対象となり，違反事業者の企業名が公表されるのはもちろんのこと，違反行為の範囲や期間によっては非常に高額の課徴金が課されるおそれもある。これまでに一企業に対して納付を命じられた課徴金の最高額は約131億円である（2016年11月現在）。また，不当な取引制限は刑罰の対象ともなっており（同法89条1項1号・95条），公取委は，悪質・重大な事案等については刑事処分を求めて告発を行うことがある。

　公取委によって不当な取引制限が行われたとの指摘を受け，排除措置命令や課徴金納付命令といった処分を受けた場合，事業者としては，かかる命令に従って違反行為を停止し，課徴金を支払うか，抗告訴訟を提起して公取委による処分の適法性を争うかという2つの選択肢を有する。

　違反行為の存在が明らかであり，抗告訴訟において敗訴する可能性が高いような事例においては，公取委による処分の適法性を争うよりも，後述する課徴金減免制度（リニエンシー制度）を利用して課徴金の減免を得ることを狙うほうが合理的である。逆に，違反行為が存在しないと考えているにもかかわらず，公取委から処分を受けた場合は，抗告訴訟を提起して争っていくことになるが，その場合も，公取委が行う行政調査の段階から，自社に有利な証拠を確保し，

不利な証拠の存在を把握する等して，将来的な抗告訴訟を見据えて行動することが重要である。

その意味で，カルテル違反被疑事件において，将来的な抗告訴訟に勝利するためには，公取委による調査が開始された段階，あるいは，社内で違反行為の疑義が生じた段階から，早急に事実関係を把握し，戦略的に行動する必要性が高い。

かかる観点から，本章では，①公取委が行う行政調査において，将来的な抗告訴訟を見据えてどのように対応すべきかの要点，および，抗告訴訟の手続の概要について説明し（**第2節**），②不当な取引制限の成立を争うための抗告訴訟において問題となる法的論点（**第3節**）と，③抗告訴訟における立証方法に関して実務上特に留意すべき点（**第4節**）について説明をする。

第2節

行政手続および抗告訴訟

1 公取委による行政手続
―抗告訴訟を見据えた対応の要点

(1) 公取委による行政調査を受けた場合の留意点

　独禁法違反行為である不当な取引制限（談合・カルテル）が行われた疑いがあると公取委が思料した場合，公取委は，審査事件として事件を「立件」し，行政調査権限に基づき，行政調査を行う。公取委による事件審査のきっかけを「端緒」といい，一般人からの報告（独禁法45条1項）や公取委独自の探知（同条4項）を端緒とするケースもあれば，後述する課徴金減免制度（リニエンシー制度）に基づく事業者による報告が端緒となるケースもある。

　不当な取引制限（談合・カルテル）の事案では，公取委による行政調査手続の比較的初期の段階で，立入検査が行われることが多い。公取委は，立入検査として，事件関係人の営業所その他必要な場所に立ち入り，物件（社内文書を含む各種証拠）を検査することができる（同法47条1項4号）。立入検査の場で関係者に対する供述聴取などが行われることも多い。立入検査は，通常，複数の事件関係人の営業所等において，事前の予告なしに一斉に実施され，多くの場合，マスコミにより報道されて，これにより事件の存在が世間に知られることとなる。

　公取委は，立入検査において事件に関連があると思料する物件を発見した場合，当該物件の所持者に対する提出命令により，これを留置することができる（同法47条1項3号）。最近では，従業員のパソコンやサーバーのバックアップデータが広範囲に収集され，留置されることもある。

その他，公取委が事件関係人または参考人を呼び出して事実関係について話を聞くことも一般的に行われている。独禁法47条1項1号の出頭命令に基づく供述聴取（審尋）をすることも，任意の呼出しによる供述聴取をすることも可能であるが，実務的には，任意に事情を聴取することが多い。

また，公取委は，事件関係人または参考人に対して，報告命令として，審査に必要な情報を報告するよう命令することができる（同法47条1項1号）。

これらの公取委による行政調査を受けた場合，公取委が収集する文書等や供述聴取において作成される供述調書が，違反行為に関して，将来的に自社にとって不利益な事実を認定する証拠として扱われる可能性が十分あることを考え，慎重に対応するべきである。具体的には，以下のような点に留意する必要がある。

① 公取委による立入検査対応のポイント

■立入検査が開始されたら，被疑事実等を確認し，すぐに法務担当者・弁護士に連絡をする

　立入検査が開始されたということは，自社による違反行為が疑われているということであり，会社としてはただちに状況を把握し，対応策を検討する必要がある。後述するとおり，文書等の留置の範囲について公取委の審査官と協議をすることが必要になる場合もあり，また，課徴金減免申請を行うかどうかの検討を至急行う必要がある場合も多い。このような対応を適切に行うためにも，立入検査が開始されたら，すぐに法務担当者および弁護士に連絡をして，助言・サポートを要請すべきである。

　また，公取委の審査官等は，立入検査開始時に身分証明書を提示し，被疑事実の要旨および関係法令を記載した文書を示すこととなっているため，審査官等から示された文書の内容を確認し，法務担当者および弁護士に伝える必要がある。

　立入検査においては，事前の予告なしに突然公取委の審査官が会社のオフィスを訪ねてくることから，その場に居合わせた従業員がどのように初期的な対応をすればよいかわからずに混乱が生じることもある。あらかじめ社内マニュアル等を作成しておき，現場から法務担当者への連絡，法務担当者から弁護士への連絡等が迅速に行われるよう，事前に準備をしてお

くことが望ましい。

■**立入検査に関して，競合他社を含む社外の者に連絡をしない。文書等を隠したり，廃棄したりしない**

　立入検査が開始されたことを知って，競合他社を含む社外の者に連絡をして口裏合わせをしようとしたり，文書等を隠匿・廃棄したりする行動を起こす従業員がいないとは限らない。そのようなことがあると会社としての実態把握に支障が生じるのみならず，後の法的手続において問題となる可能性もある（たとえば，立入検査を妨げた者には検査妨害罪（独禁法94条）が成立する）。また，特に米国独禁法が適用される事案においては，司法妨害罪として証拠の隠滅行為に対して重い処分が科せられることがあることから，注意する必要がある。

■**被疑事実と無関係な文書等が留置されないよう審査官と協議を行う**

　公取委が立入検査において，物件の所持者に対する提出命令により留置するのは，基本的に被疑事実に関連がある物件であるが，実務的には，少しでも関連があると想定されるような文書ファイルやパソコン内のデータについて幅広く提出を命じる傾向がある。会社としては，留置により通常の業務に支障が生じる可能性もあることから，公取委の審査官が被疑事実と関連性のない物件の提出を命じようとしている場合には，被疑事実とは関連性がないことを説明し，提出命令および留置の対象から除くよう，審査官と協議を行うべきである。

■**弁護士依頼者間秘匿特権等の対象となる文書等が留置されないよう審査官と協議を行う**

　米国および欧州等においては，弁護士依頼者間秘匿特権（Attorney-client Privilege）やワーク・プロダクト（Attorney Work Product）の法理により，依頼者が弁護士との間で行った法的アドバイスに係る秘密の交信や弁護士が依頼者に対する法的アドバイスのために作成した文書等は法的に保護され，競争法当局による調査においても，当局に対してこれらを含む文書等の提出を拒むことができる。しかし，日本法の下ではかかる弁護士依頼者間秘匿特権やワーク・プロダクトの法理は認められていないため，原則として，公取委による立入検査が行われた際に，欧米で弁護士依頼者

間秘匿特権等によって保護されるべき情報を含む文書等の提出を拒むことはできない。もっとも，仮に欧米等で弁護士依頼者間秘匿特権等によって保護されるべき情報が公取委に対して開示された場合，文書の所持者が当該特権等を放棄したとみなされ，その後欧米等で本来受けられるべきであった特権等による保護が受けられなくなる可能性もあることから，特に欧米等における違反行為も問題となり得るような事案においては，公取委の審査官が，欧米等で弁護士依頼者間秘匿特権等によって保護されるべき情報を含む文書等の提出を命じようとしている場合，会社としては，可能な限り，かかる文書等を提出命令および留置の対象から除くよう，弁護士を通じて公取委の審査官と交渉を行うべきである。

■ **留置調書・留置物目録の写しを審査官から受領し，保管する**

提出物件を留置したときは，公取委は留置調書とともに留置物目録を作成して，その写しを差出人に交付しなければならない。受領した留置調書および留置物目録は，将来的に違反行為の存在を争っていく場合あるいは争うか否かの判断をする場合等に公取委がどのような証拠を保持しているかを把握するための材料の1つとして用いることになる。留置物の差出人は，審査に支障を来さない範囲で，留置物の閲覧・謄写をすることができることから，かかる閲覧・謄写の手続を利用して留置物の内容を後日確認することも考えられる。

■ **課徴金減免申請を行うかどうかの検討をする**

後述するとおり，立入検査が開始された後も課徴金減免制度（リニエンシー制度）に基づく申請をすることは可能であり，調査開始日後の申請であれば，調査開始日前と合わせて5社まで，調査開始日以後の申請について3社までの事業者が30％の課徴金の減額を受けることができる。一方で，立入検査は，通常，不当な取引制限（談合・カルテル）に関与した事業者に対して一斉に実施されることから，他の事業者も同時に課徴金減免申請をすることを考えている可能性が高く，減額を認められる順位に入れるかどうかは時間との戦いとなる。立入検査が開始された直後から，社内においても，迅速に事実関係の調査や社内関係者からのヒアリングを行い，違反行為があると判断した場合には直ちに課徴金減免申請をする必要がある。

公取委の審査官が立入検査中に社内関係者からの供述聴取を行っているために，会社によるヒアリングができないなどという事態も実務上起こり得るが，そのような場合も弁護士を通じて公取委の審査官と交渉する等して，できる限り早く，会社による事実関係把握のヒアリングの時間を確保するべきであろう。

② 公取委による供述聴取対応のポイント
■記憶や知識がない事項については，推測で回答しない

特に立入検査の際や調査の初期段階で行われる供述聴取では，社内の調査も十分にできていないため，公取委の審査官から聞かれた事項について正確な回答ができないケースも多い。社内で関連する業務に直接関与していない者に対して供述聴取が行われることもしばしばある。このような場合に，公取委の審査官の質問に対して推測で回答をしたり，事実と異なることを供述したりすると，そうした供述が将来的に抗告訴訟の中で不利な証拠として扱われる可能性もある。また，公取委審査官が他社から提出された証拠や供述を参考にして誘導的な質問を行ったときに，つい公取委審査官に対して迎合的な態度をとって，事実と異なるにもかかわらず，公取委審査官に言われたままに事実関係を認めてしまうということもあるかもしれない。そのようなことがあると，いざ抗告訴訟で公取委の処分を争おうと思ったとしても，こうした過去の供述聴取における供述が自社に不利に取り扱われる。

したがって，記憶や知識がない事項については推測で回答せず，また，公取委審査官から誘導的な質問があっても，それが自ら認識している事実関係と異なる場合は，はっきりと否定すべきである。

さらに，公取委審査官の質問の趣旨がわからない場合なども，安易に回答せず，十分に趣旨を確認したうえで回答をする必要がある。

■供述調書に署名・押印をする前に十分に内容を確認し，修正を求める等する

公取委審査官は，供述聴取の際，必要があると認めるときは，供述調書（独禁法47条1項1号の出頭命令に基づく供述聴取（審尋）の場合は審尋調書）を作成する。審査官は，供述調書を作成した場合には，これを聴取

対象者に読み聞かせ，または閲覧させて，誤りがないかどうかを問う必要がある。聴取対象者が誤りのないことを申し立てると，聴取対象者の署名・押印を得て供述調書が完成する。聴取対象者が，供述した内容についての増減変更（調書の記載の追加，削除および訂正）の申立てをしたときは，審査官は，その趣旨を十分に確認したうえで，当該申立ての内容を調書に記載し，または該当部分を修正しなければならないとされている。

供述調書は，将来的に抗告訴訟において重要な証拠となる可能性があり，真実と異なる内容を含む供述調書，特に真実と異なるにもかかわらず，自社に不利な事実関係を認める内容の供述調書が作成されると，抗告訴訟における勝ち負けに影響を与える可能性が高くなることから，供述調書に署名・押印をする前に十分に内容を吟味し，事実と異なる記載がある場合は審査官に対して修正を求める必要がある。

■ **供述聴取中の休憩時間等に弁護士に相談できるような体制を整える**

海外の競争当局では違反行為に係る供述聴取に弁護士が立ち会うことを認めることもしばしばあるが，日本では，公取委による供述聴取に弁護士が立ち会うことは認められていない。しかし，特に将来的に抗告訴訟で公取委の処分を争うことが予想されるような案件では，公取委審査官からの誘導的な質問にどのように対応するか，誤解を招くような供述をしないためにどうすべきか等について弁護士と相談しながら対応する必要が生じる場面もありうることから，必要に応じて休憩時間等に弁護士に相談できるような体制を整えておくことが望ましい。

■ **供述聴取終了後すぐに，聴取されたことおよび回答したことを記録として残しておく**

公取委による供述聴取中は基本的にメモを取ることは認められておらず，録音もできない。公取委からどのようなことを聞かれてどのように回答したか，公取委が何をどこまで把握し，どのような嫌疑を持っているか等の事情は，その後の手続における戦略を立てる上で重要であることから，供述聴取が終了した段階で，記憶がまだ残っているうちに，聴取されたことおよび回答内容の概要を記録として残しておくことが望ましい。

(2) 課徴金減免制度（リニエンシー制度）

① 概　　要

　課徴金は，不当な取引制限（談合・カルテル）を含む独禁法違反行為を未然に防止するという行政目的を達成するために，公取委が違反事業者等に対して金銭的不利益を課すという行政上の措置である。

　課徴金減免制度とは，事業者が自ら関与した不当な取引制限について，その違反内容を公取委に自主的に報告した場合に課徴金が減免される制度である。以下のとおり，公取委が当該事件について調査を開始するより前に報告すれば，課徴金の減額率が大きくなる仕組みとなっており，公取委の調査開始日より前と調査開始日以後とで合わせて最大5社（調査開始日以後は最大3社）に適用される。

- 調査開始日前の1番目の申請者…課徴金を免除
- 調査開始日前の2番目の申請者…課徴金を50％減額
- 調査開始日前の3〜5番目の申請者…課徴金を30％減額
- 調査開始日以後の申請者…課徴金を30％減額

　なお，原則として，複数の事業者による共同申請は認められていないが，一

【図表1】　申請順位と減額率

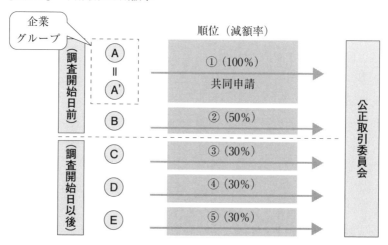

出所：公取委ウェブサイト（http://www.jftc.go.jp/dk/seido/genmen/genmen.html）

定の要件を満たす場合には，同一企業グループ内の複数の事業者による共同申請が認められ，共同申請を行ったすべての事業者に同一順位が割り当てられる。

　申請をする事業者は，「課徴金の減免に係る報告及び資料の提出に関する規則」（以下「減免規則」という）が定めるところに従い，同規則が定める様式1号（調査開始日前の申請）または様式3号（調査開始日以後の申請）をFAXによって公取委に提出し，まず違反行為の概要を報告する必要がある。

　また，その後，所定の期間（調査開始前であれば公取委から指定される所定の期間（通常は2週間から20日程度），調査開始後であれば調査開始日から20日以内）に，違反行為の詳細を報告すると共に違反行為にかかる資料を提出する必要がある。

　なお，課徴金減免制度が適用されたか否かについては，従来，公取委が積極的に公表することはなく，適用を受けたことを公表することを申し出た事業者のみについて公取委がこれを公表するという運用が行われていた。しかし，法運用の透明性等の観点から，かかる運用が変更され，2016年6月1日以降に課徴金減免の申請を行った事業者については，当該事件の報道発表において，免除の事実または減額の率が一律に公表されることとなった。

② 実務的なポイント

　①で述べたように調査委開始前に減免申請をしたか，他の事業者に先んじて減免申請をしたかによってその効果が異なってくることから，自社において違反行為があったという疑いを有し，課徴金減免申請を行うことを検討している事業者は，早急に手続を進める必要がある。

　特に，調査が開始されていたり，公取委や海外競争当局が調査をしているという非公式の情報が業界内で流れたりしている場合など，競合他社が減免申請をする蓋然性が高くなっている状況下では，競合他社に先を越されることのないよう，一刻も早く社内調査を行い，減免申請をするか否かの判断をすることが求められる。

　また，様式1号または様式3号によって違反行為の概要を最初にFAXによって報告した後も，上述した通り，その後2週間から20日程度と，非常に短い期間で違反行為の詳細の報告および資料の提出が求められることから，実務的には，この短期間に，膨大な社内資料の検討や多数の関係従業員からのヒア

リング等を行い，違反行為に関する事実関係をまとめて詳細な報告を行う必要がある。したがって，申請前後には非常に多くの作業を効率的にこなすことが求められ，課徴金減免申請の経験が豊富な外部弁護士や文書収集・保管をサポートする業者等とも緊密に連携をしながら対応する必要がある。

> **コラム　課徴金減免制度と役員責任**
>
> 　2010年12月に提起され，2014年5月に和解により終結した住友電工事件（株主代表訴訟）においては，株主が，課徴金減免申請が適切なタイミングで行われなかったと主張して，同社役員であった者の責任を追及した。
>
> 　住友電気工業（住友電工）は，光ケーブル製品に関するカルテル事件（2010年5月21日公表）および自動車用ワイヤーハーネス製品等に関するカルテル事件（2012年1月19日公表）において，合計約88億6500万円の課徴金納付命令を受け，これを納付した。
>
> 　原告である株主は，たとえば，光ケーブル製品に関するカルテル事件については，2009年年1月29日に住友電工の子会社が高圧電力ケーブルに関するカルテルの疑いで立入検査を受けており，光ケーブルについてもカルテルが存在し，近日中に立入検査があり得ることを当時の役員が認識することが可能であったこと等から，2009年6月2日に住友電工に対して行われた立入検査前に他の事業者に先駆けて違反事実を申告するべきであったと主張した。また，立入検査がなされた2009年6月2日以降でも，公取委にその時点で何社が減免申請をしているかを確認し，まだ3社に満たない場合であればただちに様式3号による報告を行えば30％の減額を得ることができたと主張した。
>
> 　本件は，役員が会社に約5億2000万円の解決金を払うことを内容とする和解により終結したため，裁判所の判断はなされていないが，課徴金減免申請を適切なタイミングで行わなかったことにより課徴金減免を受けられなかった（あるいは減額の割合が小さくなった）ことを理由として役員の責任が追及される事態が生じうることを示唆する事例である。かかる点からも，上述した通り，課徴金減免申請を行うべきか否かの判断は迅速に行うべきであり，特に，違反行為の存在を示唆する情報があるにもかかわらず申請を行わないという判断をする際は，当該情報が真実ではないこと（違反行為がなかったこと）の裏付けがあるかを慎重に見極める必要があるといえる。

第2節　行政手続および抗告訴訟

(3) 意見聴取手続および証拠の閲覧・謄写手続
① 制度趣旨

　公取委は，不当な取引制限（談合・カルテル）その他の独禁法違反行為をした事業者に対して排除措置命令をしようとするときは，その排除措置命令の名宛人となるべき者について，意見聴取を行わなければならないとされている（独禁法49条）。この意見聴取手続は，平成25年改正法において審判制度が廃止されたことに伴い（審判制度の廃止については，後述する），排除措置命令の処分前手続の充実を図る観点から整備された手続である。平成25年改正前は，事前手続（改正前独禁法49条3項）という，行政手続法が定める「弁明の機会

【図表2】　意見聴取手続の流れ（イメージ）

意見聴取の通知	【法第50条，規則第9条】	※法：私的独占の禁止及び公正取引の確保に関する法律（昭和22年法律第54号） 規則：公正取引委員会の意見聴取に関する規則（平成27年公正取引委員会規則第1号）
主な通知事項	①予定される排除措置命令の内容 ②公正取引委員会の認定した事実及びこれに対する法令の適用 ③意見聴取の期日及び場所 ④公正取引委員会の認定した事実を立証する証拠の標目	

2週間から1カ月程度 意見聴取官の氏名の通知【規則第14条】
証拠の閲覧・謄写【法第52条，規則第12条・第13条】
期日に先立つ書面等の提出【規則第16条】

期日（第1回）　【法第54条】
- 排除措置命令書の内容，主要な証拠についての審査官等からの説明
- 当事者が意見聴取官の許可を得て質問
- 当事者からの意見陳述，証拠提出

※意見聴取官が続行する必要があると認めるとき

2週間から1カ月程度 意見聴取調書の作成，通知【法第58条，規則第21条】
意見聴取調書の閲覧【法第58条，規則第22条】
期日に先立つ書面等の提出【規則第16条】

期日（第2回 最終）　【法第54条】
- 当事者からの意見陳述，証拠提出等

↓　意見聴取調書・報告書の作成，通知【法第58条，規則第21条】
　　意見聴取調書・報告書の閲覧【法第58条，規則第22条】

排除措置命令　【法第60条】
- 意見聴取調書・報告書の内容を十分に参酌して議決

出所：公取委ウェブサイト（http://www.jftc.go.jp/dk/seido/sinsa.html）

の付与」に類似する手続が設けられていたが，意見聴取手続は，これに代わり新たに設けられた聴聞型の手続である。

　意見聴取手続の具体的な実施方法は，「公正取引委員会の意見聴取に関する規則」において定められている。

　② 意見聴取通知書の送達

　意見聴取手続は，意見聴取を行うべき日までに相当な期間をおいて，排除措置命令の名宛人となるべき者に対し，意見聴取を実施する旨の通知を行うことにより開始される（独禁法50条）。この通知書には，意見聴取の期日および場所等の情報の他，予定される命令の内容ならびに公取委の認定した事実およびこれに対する法令の適用も記載されており，公取委がどのような処分をしようとしているかを確認することができる。また，公取委の認定した事実を立証する証拠の標目（証拠品目録・【図表3】）も添付され，公取委がいかなる証拠を保有しているかも把握することができる。

【図表3】　意見聴取通知書に添付される証拠品目録の例

排除措置命令案に係る証拠品目録

（○○株式会社）

（注）　本目録に記載した証拠のうち，以下の品目については，謄写をすることができます。【品目番号：1，2，4…】

品目番号	品目名	作成日	作成者	命令書案の対応箇所
1				
2				

　③ 証拠の閲覧・謄写手続

　かかる通知を受けた当事者は，通知があった時から意見聴取が終結するまでの間，証拠品目録を参考にして，公取委の認定した事実を立証する証拠の閲覧・謄写を求めることができる（同法52条1項）。閲覧・謄写の申請は，意見聴取規則12条1項に定める様式第1号による書面により行う（【図表4】）。

平成25年改正前の事前手続においても，公取委の認定した事実を基礎付けるために必要な証拠について説明を受けられる旨が定められており，当事者は審査官が提示する証拠を閲覧することができたが，平成25年改正において，当事者が，公取委が保有している証拠を把握し，意見聴取期日において公取委に対してどのような質問・反論をすべきかを十分に検討できるよう，かかる証拠の閲覧・謄写手続が新たに設けられた。当事者が，閲覧のみならず，謄写もすることができる証拠は，当該当事者またはその従業員が提出した物件や，当該当事者またはその従業員の供述調書に限定されており（同法52条1項，意見聴取規則13条1項），他社またはその従業員の提出した物件・供述調書の謄写は認められていない。また，「第三者の利益を害するおそれがあるときその他正当な理由があるとき」は，公取委は閲覧または謄写を拒むことができる（同法52条1項）。

【図表４】 証拠の閲覧・謄写申請書（様式第１号）

様式第１号（用紙の大きさは日本工業規格A4とする。）

平成　　年　　月　　日

証拠の閲覧・謄写申請書

　私的独占の禁止及び公正取引の確保に関する法律第52条第１項の規定による証拠の閲覧・謄写の申請を以下のとおり行います。

　なお，本申請書による証拠の閲覧・謄写の目的は，意見聴取手続又は排除措置命令等の取消訴訟の準備のためであり，その他の目的のために利用はいたしません。

１　事件名

事件名及び通知番号等

２　申請者

事業者名（氏名）	
代表者名	㊞
所在地（住所）	

３　閲覧又は謄写対応者

部署名・役職名等	
対応者名	
連絡先	

※　代理人が立会いを行う場合は，委任状を提出してください。

４　閲覧又は謄写希望日時

第１希望日	平成　年　月　日（　）午前・午後　時～　時頃
第２希望日	平成　年　月　日（　）午前・午後　時～　時頃

５　閲覧又は謄写を希望する物件（証拠品目録記載事項による。）

□証拠品目録記載の全ての証拠について，閲覧を希望する。
□証拠品目録記載の証拠のうち，謄写申請可能な全ての証拠について，謄写を希望する。
□証拠品目録記載の証拠のうち，次の証拠について，閲覧又は謄写を希望する。

品目番号	品目名	閲覧又は謄写の希望	備考
		□閲覧　□謄写	
		□閲覧　□謄写	
		□閲覧　□謄写	

※　希望するものに✓を付してください。

注１　用紙が足りない場合には別紙により作成し，本申請書に添付してください。
注２　閲覧又は謄写の際は，必ず私的独占の禁止及び公正取引の確保に関する法律第50条第１項の書面の原本を持参してください。

④ 意見聴取手続

　意見聴取手続は，公取委の指定する職員（以下「意見聴取官」という）が主宰することとされており（独禁法53条），意見聴取の最初の期日の冒頭では，事件を担当した審査官が，予定される排除措置命令の内容等を当事者に対して説明する。当事者は，意見聴取の期日に出頭して，意見を述べ，証拠を提出し，意見聴取官の許可を得て審査官に対して質問を行うこともできる（同法54条）。平成25年改正前の事前手続においては，書面により意見を提出する方式が原則とされていたのに対して，意見聴取手続では，このように期日の開催が必要とされており，公取委審査官に対する質問権の行使や意見陳述も含めて，当事者が，より積極的な姿勢で意見を述べ，公取委の主張に対して反論をすると共に，公取委が保有している可能性のある自社に有利な情報を引き出すことを目的としたやりとりをする機会が与えられることとなった。

　意見聴取官は，期日の終了後に，期日における意見陳述等の経過を記載した調書を作成し，意見聴取の終結後，その事件の論点を記載した報告書を作成し，公取委に提出する。当事者は，これらの調書および報告書の閲覧を求めることができる（同法58条）。公取委は，これらの調書および報告書を参酌しつつ，排除措置命令に係る議決を行うこととなる（同法60条）。

　なお，課徴金納付命令等に係る意見聴取の場合も，上記と同様の手続となる（同法62条4項，64条4項および70条の3第2項）。

⑤ 実務的なポイント

　上述した通り，当事者は，意見聴取手続および証拠の閲覧・謄写手続を通じて，公取委がその処分に当たって認定した事実とそれを立証する証拠を把握することができ，また，公取委審査官に対する質問権の行使や意見陳述も含めて，当事者が，より積極的な姿勢で意見を述べ，公取委の主張に対して反論をすることができる。

　一方，意見聴取手続の段階では，事前に証拠の閲覧・謄写の機会が与えられているとはいえ，当事者としても，時間と情報の制約上，大量の証拠を十分に精査したうえで公取委の処分を争うことができるか否か，あるいは，どのような主張立証により争っていくべきかに関する戦略を完全に構築できていないことも多い。したがって，この段階で公取委の処分内容とその前提となっている

公取委側の主張立証に対して反駁するために必要な主張立証をすべて尽くすのは困難であることが多く，また，制度設計上も，意見聴取手続の段階でそのような当事者による完全な主張立証が尽くされることは想定されていない。当事者としては，意見聴取手続の段階では，将来的な抗告訴訟を見据えて，審査官の主張立証の内容を把握し，審査官の主張立証における弱点（当事者にとって有利なポイント）を探ることを目指して対応をすべきである。特に，証拠の閲覧・謄写手続において審査官から開示される証拠は，基本的に，公取委の認定した事実を立証する証拠，すなわち，当事者にとって不利な証拠に限定されており，公取委は当事者にとって有利な証拠を保有していてもこれを開示しないことがある。こうした当事者にとって有利な証拠を公取委が保有しているか否かを探ることも，意見聴取手続中の質問権の行使における重要なポイントとなろう。

　なお，証拠の閲覧・謄写手続においては，証拠を謄写した場合にかかる証拠の写しが，米国の民事訴訟等におけるディスカバリー（証拠開示手続）の対象となるおそれがあるという実務的な懸念がある。米国民事訴訟等におけるディスカバリーでは，当事者が保有し，または，コントロールしている文書について広範な提出義務が課せられることが一般的であり，公取委が保有している証拠を閲覧すると，かかる証拠の写しについても提出義務の対象となる可能性があるためである。したがって，米国民事訴訟等が将来提起される可能性のある国際カルテル案件においては，ディスカバリーの対象となった場合に問題が生じる可能性のある証拠については，謄写をせずに，弁護士による閲覧のみとし，弁護士がその内容を要約した手控えを作成するにとどめることにより，ワーク・プロダクトの法理によりディスカバリーの提出義務の対象外とされる弁護士作成文書の形式で記録を残すようにする等の実務的な工夫が必要となる場合がある。

(4) 行政処分

　意見聴取手続を経て，公取委が違反行為が認められると判断した場合，公取委は，排除措置命令もしくは課徴金納付命令またはその両方を文書により発出する。排除措置命令書および課徴金納付命令書の謄本が，その命令の名宛人に

送達されたときに、命令の効力が生じる（独禁法61条2項・62条2項）。送達手続には民事訴訟法に定める規定が準用され、郵便または公取委の職員によって、原則として交付送達の方法により行われる。

　課徴金納付命令が発出される場合、不当な取引制限に対する課徴金額は、その実行期間中（最長3年間）の対象商品または役務の売上額を基に算出され、事業者の規模や業種ごとに決められた算定率を乗じて計算される。

【図表5】　不当な取引制限に対する課徴金の算定率

製造業等		小売業		卸売業	
大企業	中小企業	大企業	中小企業	大企業	中小企業
10%	4%	3%	1.2%	2%	1%

　また、不当な取引制限に対する課徴金算定率については、以下のような加減算要素が規定されている。

- 早期に違反行為をやめた場合には基準の算定率を20％軽減して計算した額が課徴金額となる（同法7条の2第6項）（ただし、違反行為を繰り返した場合や違反行為において主導的な役割を果たした場合には適用されない）。
- 違反行為を繰り返した場合、または違反行為において主導的な役割を果たした場合にはそれぞれ基準の算定率を50％加算して計算した額が課徴金額となる（同法7条の2第7項・8項）。
- 違反行為を繰り返し、かつ違反行為において主導的な役割を果たした場合には、基準の算定率を2倍にして計算した額が課徴金額となる（同法7条の2第9項）。

2 抗告訴訟

(1) 不服審査手続の沿革および平成25年改正の趣旨

　平成17年改正前の独禁法においては，事前審査型の審判制度が採用されていた。審判制度の下では，公取委が行政調査の結果，違反行為が存在すると判断した場合，まず事業者に対して措置の勧告が行われ，(i) 事業者が勧告に応諾する場合には勧告審決により排除措置が命じられ，(ii) 事業者が勧告に応諾しない場合には，審判手続が開始されたうえで，審判審決により排除措置が命じられるという手続がとられていた（なお，審判の途中で事業者が争うのをやめた場合には，同意審決により排除措置が命じられることになる）。かかる制度のもとでは，公取委による審判審決に不服がある事業者は，東京高等裁判所に審決取消訴訟を提起することとされていた。

　かかる平成17年改正前の制度については，排除措置命令の名宛人が公取委の勧告を応諾せずに審判に移行すると，審判審決または同意審決が出るまでの間，排除措置命令の法的措置の効力が発生しないことになり，迅速に違反行為を排除することができないという問題があるとの指摘がなされていた。また，審判手続が終了した後でなければ課徴金納付命令を行うことができなかったことから，事業者の中には，課徴金の納付を引き延ばしたり，公共入札における指名停止を受ける時期を遅らせたりする目的から審判請求を行う例がある等の実務的な問題点が指摘されていた。

　こうした指摘を踏まえて行われた平成17年改正において，公取委の審判制度は，事前審査型の審判制度から，先に行政処分（排除措置命令・課徴金納付命令）を行ったうえで，行政処分の名宛人に不服がある場合に事後的にその処分の妥当性を審査する事後審査型の審判制度へと変更された。

　また，公取委による行政処分（排除措置命令・課徴金納付命令）に対する司法審査は，公取委の命令の適法性を裁判所の行政訴訟において直接争う方式ではなく，まずは行政上の不服申立手続である公取委の審判を経由したうえで，その結果になお不服がある場合に公取委による審決を対象として行政訴訟を提起する形式である裁決主義へと移行した。

第2節　行政手続および抗告訴訟

　一方，平成17年改正によって導入された事後審査型審判制度に対しては，公取委が，審判において，検察官役と裁判官役を兼ねる形となっており，公取委が一旦決定した処分について，審判手続を経たうえで，同じ公取委が結論を出すのでは，結果が覆ることは極めて困難であると考えられるなどといった批判があった。

【図表6】　審判制度の廃止に伴う処分前手続・不服審査手続の見直し

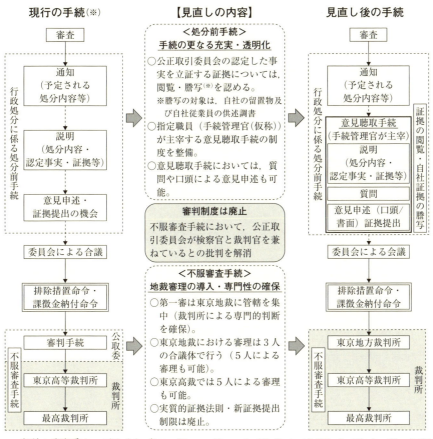

出所：公取委ウェブサイト（http://www.jftc.go.jp/dk/kaisei/h25kaisei/index.files/h25gaiyou2.pdf）

※　平成25年改正独禁法は平成27年4月に施行され，現在は「見直し後の手続」が適用されている。

かかる批判も踏まえ，内閣府に設置された独禁法基本問題懇談会等において，審判手続のあり方についてさまざまな議論が行われ，結果的に，審判制度は全面的に廃止して行政訴訟に一本化する方向で平成25年改正が行われることとなった。平成25年改正により，公取委の排除措置命令等に対する不服申立ては，行政訴訟にて行うこととする規定が導入された。

(2) 概　　要

　上記のとおり，平成25年改正によって公取委の審判制度が廃止されたため，現行法のもとでは，公取委の排除措置命令・課徴金納付命令の効力は，抗告訴訟（行政庁の公権力の行使に不服がある場合に提起する訴訟）において争われる。排除措置命令等の名宛人となった事業者は，行訴法3条1項に基づき，これらの命令を対象として取消訴訟を提起し，原処分の違法性を主張することになる（独禁法77条）。

　審理の結果，排除措置命令等に瑕疵（違法性）があることが判明した場合には，取消訴訟の一般原則に従い，原則として取消判決が出され，原処分の効力が遡って失われる。

(3) 手続要件
① 出訴期間

　平成17年改正後・平成25年改正前の独禁法においては，排除措置命令等に対する審判請求の申立ては，命令の送達後60日以内に行い（平成25年改正前独禁法49条6項），審判において下された審決の取消争訟は，審決の効力が生じた日から30日以内に提起しなければならないとされていた（同法77条1項）。

　審判制度の廃止に伴い，現行法のもとでは，排除措置命令等を争う取消訴訟の出訴期間は，一般的な行政訴訟と同様に扱われることとなり，(i)原処分があったことを知った日から6カ月の主観的出訴期間（行訴法14条1項），および，原処分の日から1年の客観的出訴期間（同法14条2項）内に抗告訴訟を提起しなければならないこととなった。ただし，正当な理由がある場合には期間を経過していても抗告訴訟を提起することができる（同法14条1項ただし書・2項ただし書）。

なお，原処分の効力が発生していなければ，原処分があったことを知った日とはいえないところ，排除措置命令等は名宛人に送達されることによって効力を生じることから，(i)の出訴期間が開始するには，原則として排除措置命令が名宛人に到達していることが要件となる。なお，これらの出訴期間の起算日については，民法の期間に関する規定に従い初日は算入されない（民訴法95条1項，民法140条）。

② 原告適格

　原告適格とは，訴訟において原告となり得る法的要件のことを意味する。排除措置命令等を争う抗告訴訟については，独禁法上，原告適格に関して特段の規定は設けられていないことから，これも一般的な行政訴訟と同様に扱われることになる。行訴法において，取消訴訟の原告適格は，処分または裁決の取消しを求めるにつき「法律上の利益」を有する者にあると定められている（行訴法9条1項）。判例（新潟空港事件（最判平元・2・17民集43巻2号56頁））および通説は，「法律上の利益を有する者」とは，処分の取消しを求めることについて法律上保護された利益を有する者を意味するとしており，また，公益と個人的利益を区別し，「当該処分を定めた行政法規が，不特定多数者の具体的利益をもっぱら一般的公益の中に吸収解消させるにとどめず，それが帰属する個々人の個別的利益としてもこれを保護すべきものとする趣旨を含むものと解される場合」に「法律上の利益」が存すると解されている（上記新潟空港事件）[1]。

　なお，2004年の行訴法改正によって新設された同法9条2項は，同条1項が定める「法律上の利益」の有無の判断にあたっては，単に処分または裁決の根拠となる法令の規定の文言のみによるのではなく，❶法令の趣旨および目的ならびに❷当該処分において考慮されるべき利益の内容および性質を考慮するという考え方を示した。また，上記❶の法令の趣旨および目的を考慮する際には，当該法令と目的を共通にする関係法令があるときはその趣旨および目的をも参酌すること，上記❷の利益の内容および性質を考慮するにあたっては，当該処分または裁決がその根拠となる法令に違反してされた場合に害されることとなる利益の内容および性質ならびにこれが害される態様および程度をも勘案する

1 　宇賀克也『行政法概説Ⅱ　行政救済法（第5版）』（有斐閣，2015年）189頁。

ものとするとして，原告適格の実質的解釈のための規定を追加している。

独禁法の排除措置命令等を争う抗告訴訟において，命令の名宛人は，処分の法律上の効果として直接に権利利益を侵害され，義務を課されることから，当該処分の取消しを求めることについて法律上の利益を有しているものと解され，原告適格が認められることについては争いがない。

一方，名宛人以外の第三者に原告適格が認められるか，認められるとしたらどのような場合かが問題となる。典型的には，一般消費者や競争事業者に原告適格が認められるか否かが問題となる。

この点に関し，景表法の事案であるが，公取委による公正競争規約の認可が争点となった事案において，景表法の目的は公益の実現であり，同法の規定により一般消費者が受ける利益は，公益の保護の結果として生ずる反射的な利益ないし事実的な利益であって，本来私人等権利主体の個人的な利益を保護することを目的とする法規により保障される法律上保護された利益とはいえないと最高裁判所が判断した事例がある（主婦連ジュース不当表示事件（最判昭53・11・28民集29巻10号1592頁））。

一方で，私的独占の事案であるが，競争事業者に原告適格が認められるか否かが問題となった事案において，JASRACに対する排除措置命令を取り消した公取委の審決の取消訴訟（東京高判平25・11・1判時2206号37頁）では，東京高等裁判所が，「排除措置命令を取り消す旨の審決が出されたことにより，著しい業務上の被害を直接的に受けるおそれがあると認められる競業者」は，審決の取消しを求める原告適格を有するものとして，JASRACの唯一の競争事業者であるイーライセンスに原告適格を認めた（平成27年4月28日，上告棄却により同判決が確定）。

排除措置命令の名宛人以外の第三者に原告適格が認められるか否かは，行訴法9条2項の考え方に照らし，これらの判決も参考として事案ごとに検討することが必要となる。

③ 訴えの利益

訴えの利益とは，当該事件の事実関係を考慮して，原告の請求に対して裁判所が本案判決をすることによって訴訟物についての争いが解決されるかどうかを判断する訴訟要件である。取消訴訟は，違法な行政処分の法的効果によって

権利利益を侵害されている者が，当該処分の法的効果を排除することによって利益を回復することを目的とした手続であることから，処分が取消判決によって除去すべき法的効果を有しているか，処分を取り消すことによって回復される法的利益が存在するか，という観点から訴えの利益の有無が判断される。仮に，原処分の法的効果がすでに失われていれば，訴えの利益が否定されることになる。

④ 管轄・裁判体

排除措置命令等を争う抗告訴訟は，裁判所における専門性の確保を図る観点から，東京地方裁判所の専属管轄とされている（独禁法85条1号）。また，抗告訴訟を担当する専門部は，東京地方裁判所の民事8部に設置されている。

東京地方裁判所は，抗告訴訟については，3人の裁判官の合議体で審理および裁判をすることとされており（同法86条1項），また，合議体の決定により，5人の裁判官の合議体で審理および裁判をすることもできる。

(4) 抗告訴訟における審理

① 主張立証責任の分配

排除措置命令等を争う抗告訴訟においては，通常の取消訴訟の審理と同様，原処分を行った公取委の判断に，裁量の逸脱または濫用があるかという観点から，裁判所が判断を行うことになる（行訴法30条）。抗告訴訟における主張立証責任の所在，すなわち，取消しを求める側の原告が公取委の判断に裁量の逸脱または濫用があることの立証責任を負うのか，あるいは，被告（公取委）が，原処分が適法であることの立証責任を負うのかについては争いがあり，確立した見解はない。原則として，公取委に立証責任があり，ただし，例えば，正当化理由など刑事法の違法性阻却事由・責任阻却事由に擬せられるようなものについては例外的に原告に争点形成責任があり，争点形成を条件として公取委に立証責任を発生させるという考え方[2]も有力である。

② 証拠調べ

平成25年改正前は，公取委の持つ高い専門性とそれに基づく判断を尊重する

2　白石忠志＝多田敏明編著『論点体系　独占禁止法』（第一法規，2014年）483頁等。

という趣旨から，❶公取委の認定した事実は，これを立証する実質的な証拠がある場合には裁判所を拘束するとする実質的証拠法則（平成25年改正前独禁法80条），❷裁判における新たな証拠の申出は，公取委が正当な理由なく証拠採用しなかった等の一定の場合を除き許されないとする新証拠の提出制限（同法81条）の各制度が採用されていたところ，これらは，平成25年改正により廃止された。

実質的証拠法則の廃止により，排除措置命令等を争う抗告訴訟においては，事実認定に際しても，通常の取消訴訟の審理と同様，口頭弁論の全趣旨および証拠調べの結果を自由な心証により評価するという自由心証主義（民訴法247条）の方法がとられることになった。

また，証拠の提出制限が廃止されたことで，原告および被告（公取委）の双方とも，関連性および必要性が認められる限りにおいて，抗告訴訟段階で新たな証拠を提出することが可能になった。したがって，名宛人側から，公取委による排除措置命令等が裁量権を逸脱・濫用していることを基礎付ける証拠が提出される一方，公取委側からは，かかる主張に対する反論を基礎付ける証拠が提出されることとなり，名宛人側の主張立証次第では，公取委が抗告訴訟段階で，補充調査を行い，それに基づく証拠を提出するといった事態も想定される。

なお，平成25年改正前は，審決に対する取消訴訟において，裁判所が公取委に対して事件の記録の送付を求めることができる旨定められていた（平成25年改正前独禁法79条）が，平成25年改正により当該規定は廃止された。このため，裁判所は，排除措置命令等を争う抗告訴訟においては，原則として当事者から提出された証拠のみに基づいて判断を行うことになる。

(5) 執行停止制度

排除措置命令および課徴金納付命令は，いずれも，名宛人に送達されることにより直ちに効力を生じ，執行可能となる（独禁法61条2項・62条2項）。そこで，これらの命令を争う抗告訴訟を提起する場合は，執行を停止することができるか否かが問題となる。

平成25年改正前は，排除措置命令に対しては，東京高等裁判所に執行免除の申立てをすることができ，裁判所の定める保証金を供託することを条件として

執行が免除される制度が設けられていた（平成25年改正前独禁法70条の6）が，これは平成25年改正により廃止され，平成25年改正後は，排除措置命令等を争う場合においても，行訴法25条に定める一般的な執行制度の下で検討がなされることとなった。行訴法25条2項は，「処分，処分の執行又は手続の続行により生ずる重大な損害を避けるため緊急の必要があるとき」に裁判所が執行を停止することができると定めており，排除措置命令ないし課徴金納付命令に対して執行停止を申し立てる場合は，かかる「重大な損害」がもたらされることを主張する必要がある。排除措置命令の場合であれば，たとえば，違反行為の取りやめを確認し取引先等に通知することを排除措置命令の確定前から余儀なくされると，社会的信用，企業イメージ，市場シェア，競争力を失う等の重大な損害をもたらす等の主張をすることが考えられる[3]。金銭的な不利益処分については，一般的には執行停止が認められる可能性は高くないと考えられており，具体的な事案によるが，課徴金納付命令について執行停止が認められる可能性が高いとはいえない。

3　佐川聡洋「執行免除制度廃止後の執行停止」ジュリ1467号30頁。

第2章　カルテル―違反被疑事件

第3節

カルテル事件における主な論点

　上述したとおり，談合・カルテルは，独禁法3条後段および2条6項の不当な取引制限という違反行為類型に該当する。

　不当な取引制限は，「事業者が，契約，協定その他何らの名義をもつてするかを問わず，他の事業者と共同して対価を決定し，維持し，若しくは引き上げ，又は数量，技術，製品，設備若しくは取引の相手方を制限する等相互にその事業活動を拘束し，又は遂行することにより，公共の利益に反して，一定の取引分野における競争を実質的に制限すること」と定義されている（独禁法2条6項）。実務上は，①「他の事業者と共同して」（意思の連絡），②「対価を決定し，維持し，若しくは引き上げ，または数量，技術，製品，設備若しくは取引の相手方を制限する等相互にその事業活動を拘束し，または遂行すること」（相互拘束），③「一定の取引分野における競争を実質的に制限すること」（競争の実質的制限）の各要件の存否が問題となることが多い。この他に，「事業者」であることおよび「公共の利益に反して」いることも，不当な取引制限が成立するための要件であるが，これら要件のうち，「公共の利益に反して」は，「独占禁止法の直接の保護法益である自由競争経済秩序に反する」ことをいい，不当な取引制限事案において自由競争経済秩序に反しないというような特段の事情がなければ認定されるところ，「事業者」の行為であることを前提とすれば，実務上，不当な取引制限に該当するか否かを判断する際に問題となることの多い要件は，上記①②③の各要件であるといえる。以下では，この①②③の要件について検討する。

第3節　カルテル事件における主な論点

1　意思の連絡

　相互拘束は，他の事業者と「共同して」行われることが必要であり，「共同して」といえるためには，単独の行為ではない，すなわち，複数の事業者間で「意思の連絡」があることが前提とされる。ここでいう「意思の連絡」は，一般的に「合意」と表現されることが多いが，申込みの意思表示と承諾の意思表示から構成される明示的な合意のみを指すのではなく，黙示による「意思の連絡」も含むと解されている。この点については，古くから審判審決においても「共同行為の成立には，単に行為の結果が外形上一致した事実があるだけでは未だ十分でなく，進んで行為者間に何等かの意思の連絡が存することを必要とするものと解するとともに，本件におけるがごとき事情の下に，或る者が他の者の行動を予測しこれと歩調をそろえる意思で同一行動に出たような場合には，これ等の者の間に右にいう意思の連絡があるものと認めるに足るものと解する。」等として（審判審決昭24・8・30審決集1巻62頁），黙示による「意思の連絡」を含む旨の考え方が採用されてきた。

　しかし，カルテル行為に及ぶ事業者は通常会合の議事録等の証拠を残さないよう注意をするため，このような黙示の「意思の連絡」の存在を競争事業者間の会合の議事録や電子メールなどの直接的な証拠によって立証することは困難であることから，実務的には，間接証拠に基づき認定される間接事実の積み上げによって黙示の「意思の連絡」の存在を推認する手法が採られている。

　裁判例においてその立証構造を明確に示したのは，後述する東芝ケミカル審決取消請求事件（東京高判平7・9・25審決集42巻393頁）であり，その後の多くの事案においても，間接証拠に基づき認定される間接事実の積み上げによって黙示の「意思の連絡」の存在が推認されている。

　不当な取引制限が成立するか否かが争いとなる抗告訴訟においては，かかる黙示の「意思の連絡」をどのような間接証拠・間接事実に基づき推認するかが重要な争点となる。

　以下，「意思の連絡」の推認について判示をした代表的な事例として，東芝ケミカル審決取消請求事件および郵便区分機談合審決取消請求事件を紹介する。

(1) 「意思の連絡」の要件に関する代表的事例

① 東芝ケミカル審決取消請求事件（東京高判平 7 ・ 9 ・25審決集42巻393頁）

(a) 事案の概要

1987年当時, Ｘおよび同業 7 社（以下「 8 社」という）で紙フェノール銅張積層板（以下「本件商品」という）の国内向けの総供給量のほとんどすべてを占めており, そのうちＡ社, Ｂ社, Ｃ社の大手 3 社の動向が業界に大きく影響を与える状況であった。

本件商品に関しては, 円高, 国内需要者の値引き要求による価格下落, 原材料価格の上昇等により, 8 社とも価格の下落防止にとどまらず引上げを必要とする状況にあったところ, 8 社は, 業界団体の会合等を開催し, 本件商品等の販売価格の下落防止, 引上げ等について意見交換を行っていた。同年 6 月10日の会合において, 大手 3 社が国内向けの本件商品の価格につき 1 m²当たり300円または15％を目処にして引上げを実行することを表明し, 残る 5 社に対しても, 大手 3 社に追随して同様の価格引上げを実行することを要請した。これに対して, Ｘら 5 社から特に反対意見は出なかった。この後, 8 社は本件商品の価格引上げの実施に関してそれぞれの社内で指示等し, 需要者らに対しても価格引上げを通知・要請した。

排除措置を命ずる審判審決を受けた東芝ケミカルは, 審決取消訴訟を提起し, 手続上の問題点と共に, 意思の連絡があった事実等の実質的証拠を欠くことを主張して争った。

(b) 判決要旨

判決は以下のとおり述べて, 不当な取引制限の「他の事業者と共同して」の実体要件である「意思の連絡」の意義について, それが黙示的なものでも足りることを明らかにするとともに, ①事前の連絡・交渉, および, ②結果としての行為の一致という間接事実により推認するという立証手法の枠組みを示した。

> 「もともと, 「不当な取引制限」とされるような合意については, これを外部に明らかになるような形で形成することは避けようとの配慮が働くのがむしろ通常であり, 外部的にも明らかな形による合意が認められなけれ

ばならないと解すると，法の規制を容易に潜脱することを許す結果になるのは見易い道理であるから，このような解釈では実情に対応し得ないことは明らかである。したがって，対価引上げがなされるにいたった前後の諸事情を勘案して事業者の認識及び意思がどのようなものであったかを検討し，事業者相互間に共同の認識，認容があるかどうかを判断すべきである。」

「(不当な取引制限の定義規定における)『共同して』に該当するというためには，複数事業者が対価を引き上げるに当たって，相互の間に『意思の連絡』があったと認められることが必要であると解される。しかし，ここにいう『意思の連絡』とは，複数事業者間で相互に同内容または同種の対価の引上げを実施することを認識ないし予測し，これと歩調をそろえる意思があることを意味し，一方の対価引上げを他方が単に認識，認容するのみでは足りないが，事業者間相互で拘束し合うことを明示して合意することまでは必要でなく，相互に他の事業者の対価の引上げ行為を認識して，暗黙のうちに認容することで足りると解するのが相当である(黙示による『意思の連絡』といわれるのがこれに当たる)。」

「特定の事業者が，他の事業者との間で対価引上げ行為に関する情報交換をして，同一またはこれに準ずる行動に出たような場合には，右行動が他の事業者の行動と無関係に，取引市場における対価の競争に耐え得るとの独自の判断によって行われたことを示す特段の事情が認められない限り，これらの事業者の間に，協調的行動をとることを期待し合う関係があり，右の『意思の連絡』があるものと推認されるのもやむを得ないというべきである。」

(c) **判決の評価**

東京高等裁判所は，主に，①8社が事前に情報交換・意見交換の会合を行っており，交換された情報・意見の内容が本件商品の価格引上げに関するものであったこと，②その結果としての本件商品の国内需要者に対する販売価格引上げに関して一致した行動がとられたこと，の2つの事実から意思の連絡を推認している。

本件の事実関係の下では，8社の間で相互に拘束し合って価格引上げを実行することの合意があったとの事実までは認定なされていないが，8社が出席する会合が開催され，大手3社が国内向けの本件商品の価格につき1 m^2 当たり300円または15％を目処にして引上げを実行することを表明し，残る5社に対しても，同様の価格引上げを実行することを要請し（①），実際に会合の後，8社が需要者に対して価格引上げを通知しているとの事実（②）が認定されている。

つまり，①問題となっている商品の価格引上げ等に関して事前の連絡交渉があり，かつ，②結果として価格引上げ等に関する行為の一致の事実が認められる場合には，意思の連絡が推認されるという立証構造を明確に示した判決であると言える。なお，上記2点による立証は，あくまでも推認であることから，事業者としては，その行為が独自に行われたことを示す特段の事情を示すことにより，反証が可能であることが前提となっている。

② 郵便区分機談合審決取消請求事件（東京高判平20・12・19審決集55巻974頁）

(a) 事案の概要

本件は，1997年12月までの間，我が国において郵便区分機類のほとんどすべてを製造販売していたXおよびYが，旧郵政省が発注する郵便区分機類の一般競争入札において談合行為を行っていたことが，不当な取引制限に該当するとして，平成17年改正前の法54条2項による排除措置命令を命じた審決（審判審決平15・6・27審決集50巻14頁）に対する，審決取消訴訟の差戻審控訴審判決である。

本件では，「意思の連絡」の存否が最大の争点になったが，この点に関連して上記審決および本判決において認定された主な事実は，以下のとおりである。

従来，郵便区分機類の調達に関しては指名競争入札の方法がとられており，XおよびYは，発注者である旧郵政省の担当官から発注する製品に関する情報の提示を受けた者のみが入札に参加し，情報の提示を受けなかったものは入札を辞退することにより，両社はそれぞれ，総発注額の概ね半分ずつを受注していた。

1994年から1995年にかけて，郵便区分機類の調達に関して一般競争入札の導

入がなされたが，XとYは郵政省との勉強会等において，一般競争入札の導入の中止を要請するとともに，内示を継続するよう発注者である旧郵政省に要請するなどした。

1995〜1997年度の一般競争入札においては，物件ごとにXとYに対して内示が継続され，両社は自社に内示があった物件についてのみ入札に参加した。落札率はすべての物件について99.5％を超え，XとYの2社は期間中に発注された区分機類のほぼすべてを受注し，総発注額の概ね半分ずつの区分機類を受注した。

(b) **判決要旨**

> 「原告ら2社はいずれも郵政省内示を積極的に受け入れており，もとより異議を唱えたことはなかったことを考慮すると，原告ら2社の間には遅くとも1995年度の入札日である1995年7月3日までに従前の指名競争入札当時と同様に「郵政省の調達事務担当官等から情報の提示があった者のみが当該物件の入札に参加し，情報の提示のなかった者は当該物件の入札に参加しないことにより，郵政省の調達事務担当官等から情報の提示があった者が受注できるようにする。」旨の少なくとも黙示的な意思の連絡があったことは優に認められるというべきである。」

(c) **判決の評価**

上述したとおり，「意思の連絡」は暗黙のものでも足りるとされ，①事前の連絡・交渉，および，②結果としての行為の一致といった間接事実により「意思の連絡」を推認するというのが東芝ケミカル審決取消請求事件において明らかにされた「意思の連絡」の立証構造である。

一方，本件においては，①の事前の連絡・交渉については，必ずしも明確に認定されておらず，事業者間の実質的な競争が存在すればありえないような不自然な行為を繰り返し行っていることを重視し，②結果としての行為の一致という外形的事実があれば，それだけで意思の連絡が推認されるという考え方をとっているものと考えられる。

本判決においては，その判断に際して，特に，

- 指名競争入札による区分機類の入札において，原告ら2社のうち，担当官等から情報の提示を受けた者のみが入札に参加し，情報の提示を受けなかった者は入札を辞退するという行為が相当以前から行われていたこと，
- 1994年11月頃，Xは郵政省に一般競争入札の中止を要請し，1995年1月初旬頃，Yは郵政省に情報の提示を継続するように要請したこと，
- 1995～1997年度の一般競争入札においては，物件ごとにXとYに対して内示が継続され，両社は自社に内示があった物件についてのみ入札に参加した。落札率はすべての物件について99.5％を超えていたこと

の各事実に言及しており，間接証拠による推認の過程において，過去の不自然な行動の繰り返しに関する事実が重要視されたことをうかがわせる。

(2) 「意思の連絡」の要件に関する主張立証戦略

上記東芝ケミカル審決取消請求事件に代表されるとおり，「意思の連絡」の推認においては，①事前の連絡・交渉，および，②結果としての行為の一致といった間接事実が最も重視される。

かかる間接事実のうち，①事前の連絡・交渉は，不当な取引制限の対象として価格引上げが問題となっているケースであれば，当該価格引上げに関するものであることが必要であり，競争事業者が別の目的で会合をしたり，連絡を取り合ったりしている場合には，必ずしも「意思の連絡」の推認における間接事実として重視されない。したがって，抗告訴訟等において「意思の連絡」の存在を争う事業者としては，仮に競争事業者間の会合やコミュニケーションの事実があるとしても，それは別の目的（たとえば，製造委託等の競争事業者間の取引や，製品の安全性確保等の正当な情報交換に関する目的などが考えられる）に基づくものであることを，競争事業者間の会合に関する議事録や社内資料等の証拠から立証することにより，競争事業者間の会合やコミュニケーションの存在は「意思の連絡」の推認における間接事実として意味をなさないことを主張することが考えられる。

なお，上記郵便区分機談合審決取消請求事件などに基づき，①事前の連絡・

交渉が証明されない場合であっても「意思の連絡」を推認することはできるとする見解もある。ただし，同事件の東京高裁判決においても，競争事業者らが発注者である郵政省への対応を話し合った会合等についての言及がなされていること，同事件は，過去に非常に不自然な行動が数多く繰り返されており，かつ，意思の連絡がなされやすい特殊な市場環境における事案であったこと等に留意する必要がある。

②結果としての行為の一致については，本来「意思の連絡」がなければ，価格引上げや入札価格等について競争事業者間の行動は異なるものとなるはずであるところ，それが不自然に一致するということは，「意思の連絡」があったためであると考えられることから，「意思の連絡」の推認における重要な間接事実と解されている。ここでは，競争事業者が，自ら価格引上げを試みようとした際のタイミングや価格設定が不自然に一致しているか否かが問題となることから，発注者（顧客）との価格交渉の結果として最終的に異なる価格となったり，価格引上げに失敗したりしたために結果的に一致しなかったとしても，かかる事情は審査官側の立証に対する反論とはなりにくい。

また，ここで間接事実たり得る②結果としての行為の一致は，不自然な一致であることが必要であり，何らかの外部要因や市場環境等によって，「意思の連絡」がなくても一致していたような状況であれば，結果としての行為の一致が存在するとしても，かかる事実は「意思の連絡」の推認における間接事実として重視されない。したがって，抗告訴訟等において「意思の連絡」の存在を争う事業者としては，仮に競争事業者間の行為が一致しているとしても，それは，外部要因や市場環境に基づくものであり，「意思の連絡」を推認させるものではないと主張することが考えられる。たとえば，仮に，競争事業者が顧客に対して価格引上げを申し入れたタイミングが一致しているという客観的事実があるとしても，顧客との価格交渉の時期が顧客の意向によりコントロールされており，一致せざるを得なかったとか，原材料費の値上がりが著しかったために，その時期に価格引上げをするという判断はいずれの事業者にとってもビジネス判断として合理的であった等の反論をすることが考えられる。

2 相互拘束

　不当な取引制限は「相互にその事業活動を拘束し，又は遂行すること」（相互拘束）を要件の1つとする。
　一方当事者が他方当事者に対して制約を一方的に課す場合には，「相互拘束」の要件を充足せず，不当な取引制限に該当しない。
　一方で，石油価格カルテル刑事事件において最高裁は，「協定内容の実施に向けて努力する意思を持ち，他の者もこれに従うものと考えて当該協定を締結した場合には，その実効性を担保する制裁等の定めがなくとも，「相互にその事業活動を拘束し」の要件を充足する」と判示しており（最判昭59・2・24刑集3巻4号1287頁），競争事業者間で相互に拘束した内容について，その実施の実効性を担保するための措置がとられている必要まではないと解されている。
　以下，「相互拘束」の有無の判断に関して代表的な事例として，協和エクシオ事件および元詰種子カルテル事件を紹介する（なお，「意思の連絡」「相互拘束」「一定の取引分野における競争の実質的制限」の各要件は相互に関連しており，これらの判決の引用部分は他の要件（特に「一定の取引分野における競争の実質的制限」）に関する判示として議論されることもあるが，ここでは，各要件の位置付け等に関する講学的な議論には立ち入らない）。

(1) 「相互拘束」の要件に関する代表的事例

　① 協和エクシオ事件（審判審決平6・3・30審決集40巻49頁，東京高判平8・3・29審決集42巻424頁）

　　(a) 事案の概要
　Xほか9社が，米国空軍契約センター発注に係る電気通信設備の運用保守の入札について，あらかじめ話合いにより受注予定者を定め，他の入札参加者は同受注予定者が受注できるように協力して入札する旨の合意をしたとされた事案である。参加者間で受注機会の均等化を目指す典型的な入札談合とは異なり，本件ではY1社のみが，発注者の要望に応える技術力を有しており，当初は随意契約により，入札に移行後もほとんどYが落札していた。そこで，Xは，

第3節　カルテル事件における主な論点

談合組織とされた「かぶと会」のうち，Y以外は受注能力も受注意思もなく競争自体が存在しなかったことから，基本合意が存在しないと主張した。また，仮に基本合意が認められるとしても，話合いの具体的な方法・手順等について取り決めていないことから，このような抽象的な合意では不当な取引制限が成立しないと主張した。

(b)　**審決・判決要旨**

審決は，「かぶと会」と呼ばれる談合組織の設立等の間接事実に加え，「あたかも競争することなくYに受注予定者が決まったとしても，話し合って受注予定者を決定することが必要かどうかを判断するための前提行為としての「話合い」であり，本件基本合意に基づいて当該物件につき受注予定者を決める具体的交渉の場に上程する行為の一環と評価することができる。」，「米国空軍契約センター発注物件についての入札手続の流れ等からみて，どのような時期等に「話合い」をするかについてあらかじめ具体的に詳細に決定するまでの必要はなく，……入札に参加する同業者が集まって受注予定者を決める話合いをする本件のような場合には，本件基本合意の当事者は，おのずから通常考えられる具体的な方法については，おおよそのことについては予想し，理解しているものと解され……27物件について，「話合い」を継続してきたものであり，本件基本合意は，実効性，拘束性を有していたことは明らかである」などとして，個別物件における受注調整行為も間接事実として基本合意を推認した。

また，東京高裁も，「抽象的・包括的な内容の協定のみによっては，特定の受注予定者が直ちに決まるものではなく，また，個々の工事又は役務等の受注にあたっての協議において，特定の受注予定者を決定することのできないことがあり得ることを考慮しても，なお右のような目的をもって受注を希望する者の間で話合いをすること自体に相当な競争を制限する効果があるというべきである」と判示し，審決の判断を支持した。

(c)　**審決・判決の評価**

一般に，入札談合の事案においては，複数の個別物件について受注調整をするという基本的な方針について合意をすること（基本合意）と，かかる基本合意に従って，個別物件において受注予定者を決定し，受注予定者が受注できるように個別物件ごとに行う調整（個別調整）の2段階の過程により受注調整が

行われることが多い。本件も，入札談合の事案においてこのような基本合意と個別調整の2段階の過程が存在したことを前提として公取委が不当な取引制限の存在を認定した事案であるが，被審人は，話し合って入札を決める，という程度の抽象的な内容の基本合意しかない場合，基本合意に拘束が生じておらず，不当な取引制限に該当しない旨を主張した。

これに対して，審決は，当事者が具体的な方法についておおよそのことについて予想し理解していることを理由に，抽象的・包括的な内容の基本合意に相互拘束性を認め，東京高裁判決もこれを支持した。現に，個別物件について各社が「話合い」を継続しているという各社の対応状況からみて，このような判断に至ったものと考えられる。

② 元詰種子カルテル事件（東京高判平20・4・4審決集55巻791頁）
　(a) 事案の概要
Xら15社は，交配種の種子の元詰販売業者である。

Xら15社を含む元詰業者32社（以下「32社」という）は，Y協会の会員であり，32社合計で4種類の交配種の種子（以下「4種類の元詰種子」という）の国内販売額の9割以上を占めている。32社は毎年それぞれ価格表を作成して取引先に配布し，当該価格表に基づき種子の販売価格を定めていたが，実際の販売価格は，値引きや割戻し等を行うため，価格表価格と異なることもあった。

1998年から2001年まで毎年3月，32社のほぼ全社が出席してY協会の元詰部会討議研究会（以下「討議研究会」という）が開催され，同会で4種類の元詰種子について販売価格を定める際の基準となる価格（以下「基準価格」という）が決定されていた。

公取委は，32社が，遅くとも1998年3月19日以降，4種類の元詰種子について，①毎年討議研究会において基準価格を決定すること，②各社が，基準価格の前年度からの変動に沿って，品種ごとに価格表価格および実際の販売価格を定めることを合意していたことが不当な取引制限に該当するとして排除措置の勧告をし，これに応諾しなかった19社に対して審判審決（以下「原審決」という）をした。これに対し，Xら15社は，原審決の取消しを請求した。

　(b) 判決要旨
東京高等裁判所は，以下のとおり判示し，基準価格を決定し，当該基準価格

第3節　カルテル事件における主な論点

に基づいて各社の実際の販売価格を定める旨の合意を相互拘束と捉え，当該合意が競争を実質的に制限するとして，不当な取引制限の成立を認めた。

> 「個々の取引先に対する現実の販売価格が値引きや割戻しの結果，……他社が予測し得ない価格となっているとしても，その前提となる価格表価格の設定について競争行動が回避されていることに変わりはなく，本件合意の存在により，32社は，相互に基準価格に基づいて価格表価格および販売価格を定めるものとの認識を有しており，その限度で事業者相互の競争制限行動を予測し得ることをもって不当な取引制限にいう相互拘束性の前提となる相互予測としては足りるものと解され……，相互拘束性の要件に欠けるところはない」。
> 「4種類の元詰種子について，いずれも9割以上のシェアを占める32社が，本来，公正かつ自由な競争により決定されるべき商品価格を，継続的なやり方であることを認識した上で，……討議研究会において協議の上決定する基準価格に基づいて定めるとの合意をすること自体が競争を制限する行為にほかならず，市場における競争機能に十分な影響を与えるものと推認することが相当である。」

(c)　判決の評価

本件は，個別の値上げ合意を違反行為と捉える典型的な価格カルテル事案ではなく，32社が基本合意に基づいて毎年の基準価格を設定し，各社が当該基準価格に沿って販売価格を設定していたと判断された，いわゆる「基本合意型カルテル」の事案である。上述したとおり，一般に，入札談合の事案においては，個別物件の受注調整から基本合意の存在を推認するという立証方法が採られるが，本件は，入札談合ではないカルテルの事案であるにもかかわらず，入札談合に類似した立証方法が採られていると評価することができる。

基本合意の認定に当たっては，関係者の供述による直接証拠のほかに，毎年度の基準価格の決定状況ならびに各社の毎年度の価格表価格および販売価格の決定状況という間接事実から意思の連絡を推認している。

(2) 「相互拘束」の要件に関する主張立証戦略

　一般に，不当な取引制限が問題となる事案においては，抽象的・包括的な合意しかなされず（あるいは立証がされず），競争事業者間の合意がどの程度具体的なものであり，どのような拘束力を持っていたかについては明確な証拠がなく，かつ，各行為者の主観・評価によるところが大きいこともあり，困難な認定・判断を伴うことが多い。

　協和エクシオ事件のように，抽象的・包括的な内容の協定のみでは，特定の受注予定者がただちに決まるものではなく，また，個々の工事または役務等の受注にあたっての協議において，特定の受注予定者を決定することのできないことがあり得ることを考慮しても，なお違反行為が成立すると判断される可能性はあり，違反行為の成立を争う事業者にとっては注意が必要である。抽象的・包括的な内容の協定の存在が立証された場合に，かかる協定から，競合他社の行動を予測し得るか否かについて，実際の価格設定等の行動状況等の間接事実から立証をしていくことが考えられる。

③　一定の取引分野における競争の実質的制限

　「一定の取引分野における競争を実質的に制限」することは，不当な取引制限のみならず，私的独占（独禁法2条5項）においても要件とされている。

　「一定の取引分野」とは，独禁法2条4項にいう「競争」が行われる場である「市場」を意味する。

　「競争を実質的に制限する」の意味については，「一定の取引分野における競争を全体としてみて，その取引分野における有効な競争を期待することがほとんど不可能な状態をもたらすこと」（石油価格カルテル刑事事件（東京高判昭55・9・26高刑集33巻5号511頁））であり，市場を支配し得る力を形成・維持・強化することをいうものと解されている。

　「一定の取引分野における競争を実質的に制限する」ものであったか否かが問題となった代表的な事案として，多摩談合事件が挙げられる。

第3節　カルテル事件における主な論点

(1) 「一定の取引分野における競争の実質的制限」の要件に関する代表的事例

■ 多摩談合事件（最判平24・2・20民集66巻796号）

(a) 事案の概要

X_1〜X_4および他の29社（以下「33社」という）は、いずれも国内の広い地域において総合的に建設業を営むゼネコンである。ゼネコンであるその他の47社や、ゼネコンでない地元業者も、多摩地区で建設業を営んでいる。

33社は、1997年10月1日から2000年9月27日まで、財団法人東京都新都市建設公社（以下「公社」という）発注のAランク以上の工事について、受注予定者を定め、受注すべき価格は受注予定者が決定し、受注予定者以外の者は受注予定者が当該価格で受注できるよう協力する、という基本合意をしていたとされた。Aランク以上の土木工事においては、33社およびその他47社のうちの複数の者またはこれらのいずれかの者をメインとする複数のJVが入札参加業者又は入札参加JVの全部または一部とされていた。公社は、上記期間中に、Aランク以上の土木工事を72件発注し、そのうち、33社の落札・受注に係る工事は34件であり、34件の工事のうちX_1〜X_4が落札・受注したものは7件であった。公取委は、33社が不当な取引制限を行ったと判断し、そのうち30社に対して課徴金の納付を命じた。

(b) 判決要旨

最高裁は、「……（筆者注：独禁法）2条6項にいう「一定の取引分野における競争を実質的に制限する」とは、当該取引に係る市場が有する競争機能を損なうことをいい、本件基本合意のような一定の入札市場における受注調整の基本的な方法や手順等を取り決める行為によって競争制限が行われる場合には、当該取決めによって、その当事者である事業者らがその意思で当該入札市場における落札者及び落札価格をある程度自由に左右することができる状態をもたらすことをいうものと解される。」という一般的な考え方を示したうえで、

- Aランク以上の土木工事については、入札参加を希望する事業者ランクがAの事業者の中でも、33社およびその他47社が指名業者に選定される可能性が高かったこと

49

- 個別の受注調整にあたってはその他47社からの協力が一般的に期待でき，地元業者の協力または競争回避行動も相応に期待できる状況の下にあったこと
- 実際に発注された公社発注のＡランク以上の土木工事のうち相当数の工事において本件基本合意に基づく個別の受注調整が現に行われ，そのほとんど全ての工事において受注予定者が落札し，その大部分における落札率（予定価格に対する落札価格の割合）も97％を超える極めて高いものであったこと

という各事情を示し，本件では「一定の取引分野における競争を実質的に制限する」と判断した。

(c) **判決の評価**

上記のとおり，「一定の取引分野における競争を実質的に制限する」とは，「一定の取引分野における競争を全体としてみて，その取引分野における有効な競争を期待することがほとんど不可能な状態をもたらすこと」であり，市場を支配しうる力を形成・維持・強化することをいうものと解されている。

本判決も他の多くの判決と同様，かかる考え方を前提としており，特段新しい考え方を示したものではないが，具体的な事実関係の当てはめにおいて参考となる。

違反行為に関与したとされる事業者33社のゼネコン以外にも，47社のゼネコンおよび地元業者が同じ地区で事業を営んでいたものの，47社のゼネコンからの協力や，地元業者の協力または競争回避行動も期待できること，実際に33社が相当数の物件について受注調整を行っており，そのほとんどすべての工事において受注予定者が落札し，落札率も高かったこと等が判断において重視されており，違反行為に関与した事業者の割合・シェアが必ずしも高くない場合であっても，他の事業者の協力・競争回避行動が期待できるか否かや実際の落札状況を考慮して，「一定の取引分野における競争を実質的に制限する」ものであったか否かの判断が行われているといえる。

なお，本件では，対象期間中の公社発注のＡランク以上の土木工事72件のうち，33社が受注したのは34件という半数以下にとどまっている等，基本合意

の対象であるとされた物件のうち個別調整が行われ，成功した物件の割合については，特段問題とされていない。違反行為者としては，基本合意の対象となる物件のうち受注したい物件のみについて競争制限が起これば足りるのであり，その割合が少ないからといって，独禁法が保護しようとする競争が制限されていないということにはならないと解されるためである。

(2) 「一定の取引分野における競争の実質的制限」の要件に関する主張立証戦略

　一般に，カルテルに関与したとされる競争事業者のシェアが高い場合には，これら行為者の意思によって市場における価格，あるいは，入札における落札者および落札価格を左右しやすいことから，「一定の取引分野における競争を実質的に制限する」ものであった旨の認定がなされやすい。しかし，多摩談合事件のように，必ずしもカルテルに関与したとされる競争事業者の割合・シェアが高くない場合であっても，「一定の取引分野における競争を実質的に制限する」ものであったとの判断がなされる可能性があることに留意をする必要がある。

　上記のとおり，かかる判断においては，他の事業者の協力・競争回避行動が期待できるか否かや実際の落札状況が考慮されており，このような市場全体における事業者の行動に関連する主張立証を行うことが必要となる。

　場合によっては，市場全体の状況に鑑みて，カルテルに関与したとされる競争事業者がその意思によって市場における価格，あるいは，入札における落札者および落札価格を左右し得る状況にあったかどうかについて，価格や数量の推移等を示すデータを経済理論に基づく手法によって分析する，いわゆる経済分析を用いた主張立証活動を行うことも考えられる。

第4節

カルテル事件における立証方法の要点

1 書証がない事案における人証の重要性

　前述したとおり，カルテル事件における要件の1つに事業者間の「意思の連絡」がある。かかる「意思の連絡」の立証に用いられるのは，典型的には，事業者間の会合における議事録や議事内容を書き取ったメモや，かかる会合でのやり取りを記載した社内メモである。

　もっとも，特に，自らの行為が独禁法に抵触する可能性があるという認識を持っている者は，こうした客観的証拠を残すことは少なく，関係者の供述がカルテル事件の証拠として重要視されることは多い。

　かかる関係者の供述は，抗告訴訟において，公取委の審査官等が提出する供述調書，事業者が提出する陳述書の他，証人尋問によって立証されることになる。

> **コラム　公取委による供述聴取の実務**
>
> 　公取委による供述聴取に関しては，供述聴取に弁護士の立会いが認められない，メモを取ることが禁止される，供述聴取が長時間・多数回にわたる等の問題点について，企業や弁護士等から批判がなされている。通常，審査官は，何度も従業員等を呼び出して話を聞き，他の証拠と照らし合わせて矛盾がないことを確認したうえで供述調書を作成することから，1人の供述人が10回，20回と非常に多数回呼び出され，毎回数時間にわたる聴取を受けることもある。また，課徴金減免申請をした事業者から入手した証拠や立入検査によって入手した証拠を元に審査官がすでに事件のストーリーを描いており，かかるストーリーに沿った供述調書を作成しようとするため，これと異なる供述をしても話を聞こうとしない，供

述を誘導しようとするなどの対応がなされ，その結果，後の抗告訴訟において供述調書の任意性・信用性が争われる事態が生じ得る。
　公取委の調査を受ける企業としては，公取委から呼び出される従業員の心身の負担に対して配慮をすると共に，こうした聴取を通じて，自社の立場および真実と異なる供述調書が作成されることがないよう，弁護士などとも十分に相談をすることが望ましい。

2　専門的な知見の活用

　近年は，価格や数量の推移等を示すデータを経済理論に基づく手法によって分析する，いわゆる「経済分析」を用いた主張立証活動が行われることも増加しており，こうした経済分析も含む専門的な知見の重要性がより一層増している。
　カルテル事件においては，「意思の連絡」の推認過程における不自然な行動の一致の有無の判断に関して過去の価格の推移と公取委が主張する「意思の連絡」があったとされる時期の前後の価格の変動を比較したり，「一定の取引分野における実質的な競争の制限」に関する争点等においてこうした経済分析手法を利用することが考えられる。
　抗告訴訟においては，通常の民事訴訟と同様，専門委員の制度を利用することも可能であり，独禁法訴訟の専門性の高さに鑑みて，裁判所がこうした制度を活用することも想定される。

3　課徴金減免申請者から提供された証拠の信用性

　上述したとおり，カルテル行為に及ぶ事業者は通常会合の議事録等の証拠を残さないよう注意をするため，黙示の「意思の連絡」の存在を競争事業者間の会合の議事録や電子メールなどの直接的な証拠によって立証することは困難であることから，実務的には，間接証拠に基づき認定される間接事実の積み上げによって黙示の「意思の連絡」の存在を推認する手法が採られている。
　一方，平成18年に導入された課徴金減免制度（リニエンシー制度）によって，

課徴金の減免を受けるために公取委の調査に事業者が積極的に協力するようになった結果として，公取委は，このような間接証拠・間接事実による推認のみならず，競争事業者間の電子メールや競合他社の担当者による供述証拠などの直接証拠や推認力の高い証拠を入手することがより容易となった。実際，課徴金減免制度導入後の審判等においては，審査官側から，課徴金減免申請をした事業者によって提供された証拠や課徴金減免申請をした事業者の役職員による供述調書が証拠として数多く提出されている。

　抗告訴訟において違反行為の成立を争う事業者にとってみれば，こうした競合他社から提供される直接証拠や推認力の高い証拠は自社に不利に働くことが多い。もっとも，一般論的な刑事事件等においても，共犯者の自白には自己の責任を軽減しようとして他の者に不利な供述・証言をする傾向がある（いわゆる「引っ張り込みの危険」）と言われているところ，カルテル事件においても，競合他社が課徴金の減免を確実なものとしたいがために，供述聴取において審査官に迎合的な態度をとり，その結果として，事実と異なる供述調書が作成されている可能性も否定できない。特に，黙示の「意思の連絡」や「相互拘束」等の評価的要素の強い要件に関連する供述については，明白な虚偽供述とまでは言えないとしても，供述中に含まれている供述者の主観・評価が審査官の意向に左右されることは十分あり得る。したがって，抗告訴訟において違反行為の成立を争う事業者としては，競合他社が課徴金減免制度の下で積極的に事実を認め，それに沿った供述調書が提出されているとしても，その内容を十分に精査することにより，供述者が審査官に迎合的な態度をとっていないか，矛盾する供述はないか等を検討し，供述の信用性を弾劾できるような材料があれば，そのような事情を積極的に主張すべきである。

4　フォレンジックによる調査

　近年は，カルテルに関する証拠も電子メールやチャット等の電子データの形式で残されるケースが増加しており，公取委も立入検査において営業担当者等のパソコンやサーバーのバックアップデータなどを広範囲に留置し，競合他社との間のコミュニケーションの有無・内容を調査することが多い。したがって，

課徴金減免申請をするか，抗告訴訟を提起するか等を検討するに際して，事実関係の調査や公取委がいかなる証拠を入手しているかを把握する目的で，社内調査の一環として，営業担当者等社内で関与した可能性のある役職員の電子メール等の証拠を確認する必要が生じるケースもある。大量の電子メールを確認するのは時間と手間がかかることから，たとえば，競合他社の社名やカルテルにおいて典型的に用いられる単語等のキーワードを用いて検索を行い，問題となる可能性のある証拠を効率的に探し出す方法も有効である。

　また，公取委が自社に不利な証拠を入手しているかどうかを把握するという目的に加えて，過去のデータの中から，自社に有利な証拠が見つかる可能性もある。たとえば，競合他社と連絡を取り合っているものの，それが競合他社間の製造委託などの正当な目的に基づくコミュニケーションであることを示す証拠や，価格設定や価格引上げ交渉に関する社内意思決定を自社独自のタイミング・基準で行っていることを示す証拠などが考えられる。

　実務上，少なくとも日本の独禁法のみが問題となっているケースでは，後述する米国民事訴訟におけるディスカバリー制度を前提とした非常に広範なフォレンジック調査までは行われないことが通常であるが，一定の範囲で，営業担当者等社内で関与した可能性のある役職員の電子メール等を調査することも有効であるケースもあろう。

第3章

カルテル
―損害賠償請求

　カルテル・談合により損害を被った者は，法律上，違反行為者に損害賠償請求することができる。しかし，実際に損害賠償の議論を有利に進めるためには，複数ある法律構成のメリット・デメリット，損害認定の基本的な考え方や具体的手法，公取委の審査手続との関係，損害立証に必要な証拠収集方法等さまざまな問題を十分理解・検討したうえで対処することが求められる。本章では，我が国における損害賠償をめぐる交渉や訴訟の実態を踏まえ，関係当事者が留意すべき実務上のポイントを示すこととする。

第1節 はじめに

　独禁法に違反する不当な取引制限（カルテル・談合）により損害を被った者は，民事上の損害賠償請求権を行使することができる。違反行為の対象となった商品・役務を購入した者は，競争が有効に機能した場合の本来の価格と比較して高い価格での購入を余儀なくされ，本来の価格を超過して支払った部分について損害を被ったことになるからである。

　第5章で詳述するとおり，米国では，カルテル・談合の被害者による損害賠償請求訴訟が盛んであり，米国当局がカルテル・談合事件を摘発した場合，米国各地で多数の民事訴訟が提起される。米国では，集団訴訟制度（クラスアクション）や強力な証拠収集手続（ディスカバリー）が整備されていることもあり，商品・役務を直接購買した者（直接購買者）だけでなく，末端の消費者やそれに至る流通業者等（間接購買者）が集団で訴訟を提起し，違反企業が訴訟解決に巨額の費用負担を余儀なくされることは珍しくない。

　これに対し，我が国では，損害賠償請求訴訟は，官公庁または地方自治体に対する入札談合事件を契機とする住民訴訟または官公庁による直接訴訟を中心に事例の蓄積が進み，入札談合以外の価格カルテル等に関連した訴訟の数は少ない。また，直接購買者ではない流通過程の末端にいる消費者や中間にいる流通業者が訴訟提起するという例もほとんどない。

　このように我が国において民事訴訟が低調な理由は，入札談合以外のカルテルの場合，違反事業者と直接購買者はビジネス上の継続的な取引関係があり，官公庁のように超過支払が税金から拠出されるという事情もないため，訴訟という強硬な手段ではなく，より柔軟な訴訟外での交渉・和解を志向する傾向が強いからである。裁判に要する費用・時間，それに伴う社会的なマイナスイ

メージ，今後の取引関係への影響等を考慮すると，事を荒立てずに訴訟外の和解で済ませたいと考える企業は少なくない。

　他方，近時摘発された大規模なカルテル事件では，被害者の損害額も大きくなり，株主その他のステークホルダーへの説明責任を果たす観点から，法的に請求可能なものはきちんと請求すべきであるという考え方も強い。安易な馴合い的解決は，取締役の善管注意義務違反を問われかねないことから，筆者の経験上も相互に法的主張の応酬をしたうえで合理的な解決を目指すケースが増加している。

　また，消費者等の間接購買者の視点で見ると，我が国には，米国のクラスアクションのような制度がなく，団体訴権等は限定的にしか認められていないことから，民事訴訟において権利行使するハードルは高い。我が国には，1人当たりの被害は僅少だが被害者数が多数に上る案件に適した救済制度が整備されていない。また，石油製品の価格協定によって損害を被ったとして，最終消費者が石油元売業者を相手に損害賠償請求訴訟を提起した鶴岡灯油訴訟事件[1]において，原告が敗訴したこともあり，それ以降，間接購買者による積極的な私訴の動きは見られなくなった。しかし，鶴岡灯油訴訟事件において，最高裁は，間接購買者の原告適格自体は認めており，同判決の規範によっても，後述する経済分析等の今日的な立証手法を活用するなどして間接購買者が相当因果関係を立証すれば，損害賠償請求が認容される可能性がある点には留意する必要がある。

1　最判平元・12・8民集43巻11号1259頁。

第2節

損害賠償をめぐる訴訟外の交渉と和解

1 訴訟と訴訟外の和解

　カルテル・談合により損害を被った事業者は，違反行為者に対し訴訟を提起するか，和解を目指して訴訟外での交渉を行うかを検討することになる。違反行為者が継続的な取引先である場合，ただちに裁判沙汰にすることに抵抗を感じる事業者は多い。訴訟外での和解交渉であれば，今後のビジネスにおいて有利な取引条件を引き出し，事実上賠償金を得たのと同様の経済的メリットを確保するなど，柔軟な解決を図れる余地がある。そのため，多くの事業者は，訴訟外での和解交渉を試み，どうしても合意に至らない場合に，やむを得ず訴訟提起するという思考過程をたどる。違反行為者にとっても，被害者にとっても，訴訟外の和解で決着させることができれば，それに越したことはなく，筆者の経験上も，最終的に訴訟外の和解で解決が図られる例が多い。

　もっとも，訴訟外の和解といっても，近年，株主等のステークホルダーへの説明責任を果たす見地から，馴合い的な妥協ではなく，専門家を交えた法的な議論を前提として交渉がなされるケースが増加している。被害を受けた会社としても，なぜその金額になったのか合理的な説明ができないと，後日ステークホルダーから追及を受けた場合に返答に窮する事態になりかねないからである。その意味では，訴訟外での和解の解決を目指す場合であっても，後述する損害賠償の一般的な考え方・手法を十分理解しておくことが重要であり，それを前提に事案の特性に沿った合理的な解決を図ることが求められる。

　なお，訴訟外での和解交渉を行う場合，賠償請求をする側は，請求権の消滅時効がいつ到来するか事前に確認しておくことが重要である。当然のことなが

ら，訴訟外の和解交渉も，仮に訴訟が提起されれば，どの程度賠償が認められるかという点が議論の前提となり，請求権が時効により消滅するまでの期間が交渉可能期間ということになる。特に公取委の事件調査が先行し排除措置命令等が確定した場合には，独禁法25条に基づく損害賠償請求権も3年で時効消滅し，その時点で民法709条に基づく請求権も時効消滅していることが多いことから，どんなに遅くとも排除措置命令等の確定後3年以内には最終決着を図る必要がある。また，公取委が排除措置命令等で認定する違反行為の範囲は，民法709条の不法行為として民事上損害賠償ができる範囲より狭くなることもあるため，実務的には遅くとも民法709条に基づく請求権が消滅するまでに，終局解決を図っておくことが望ましい（ただし，仮に不法行為に基づく損害賠償請求が消滅時効にかかった場合であっても諦めてはならず，時効期間が長い不当利得返還請求権等の行使を念頭に置いて交渉をしていく余地がある点は留意すべきである）。

2 違約金条項とその役割

　入札談合事件が起きた場合に，国や地方自治体等の発注者は，違反行為者に対し損害賠償請求権を有するが，損害の有無や額をめぐる紛争を回避するため，工事請負契約や業務委託契約等の中に，独禁法違反などの不正行為が判明した場合には所定の違約金を支払う旨の条項をあらかじめ定めておく実務が普及している。国土交通省は，2004年6月1日以降の発注工事に関して事業者が独禁法違反により行政処分を受けた場合等に契約金額の10％に相当する額を違約金として支払わなければならない旨の条項を導入した。それ以来，多くの官公庁や地方自治体等が契約の中に同様の違約金条項を定めるようになった。違約金は契約金額の何％と定められることが通常であるが，その数値は各発注者によって異なる。発注者は，違約金条項を定めることで損害の有無および額の立証負担を免れることができ，迅速な被害救済を図ることが可能となる。

　違約金条項は，主に官公庁や地方自治体等の公共調達に係る契約書の中で普及が進んだが，民間企業でも入札など公共調達類似の購買制度を採用する企業を中心に同様の違約金条項を導入している例は少なくない。違約金条項がある

場合，超過支払額をどのように算定するかという困難な問題を回避することができ，迅速な解決が可能となるメリットがある。筆者の実感としても，入札談合事件については，近時違約金条項に基づき損害賠償の解決が図られる例が多く，民事訴訟にまで至る例は減少している。

　なお，違約金条項は，法的には賠償額の予定と推定され（民法420条3項），実際の損害額が違約金条項で定められた額を上回る場合であっても，その超過分（差額）の損害は請求できないのが原則である（同法420条1項後段）。もっとも，契約書に超過分の請求を可能とする特約が定められている場合には，発注者が超過分の損害を立証することによって，違約金条項で定められた額を超えた請求をすることは可能である。

３　和解交渉のポイント

　契約に違約金条項がない場合には，損害の有無・額および違反行為との因果関係が中心的な争点となる。もっとも，価格に影響を及ぼす要因は多岐にわたるため，正確な損害の認定は必ずしも容易ではない。価格に影響を及ぼす要因としては，違反行為による影響以外にも，原材料価格の変動，需給の変化，経済情勢の変動，入札ないし見積り後の相手方との個別交渉の状況，定期的な一律値下げの商慣行の影響など多数存在する。これらの影響をすべて排除し，純粋に違反行為による影響分を取り出して超過支払額を算定することは簡単な作業ではない。この点は，**第4節**「損害の認定」で述べる損害算定の基本的な考え方をベースに，価格に影響を与える諸要因を十分整理したうえで，事前に専門家を交えた検討を行っておくことが有益である。回帰分析など経済学的アプローチも視野に入れ，詳細な分析をしておくことが有利な解決につながることもある。

　また，違反行為の対象となる商品・役務の範囲および期間をどう確定するかが争点となることもある。違反行為の対象商品の範囲が広く期間が長くなれば，当然ながら損害額も増える。また，一旦はカルテルの対象範囲に入っていたとしても，特別な事情によりカルテルの対象外となった商品や取引が存在する場合もある。

この点，公取委の行政処分が先行する事案では，排除措置命令や課徴金納付命令の認定を出発点として，違反行為の範囲を協議していくことが多い。もっとも，排除措置命令の認定は，違反行為の始期について「遅くとも○年○月以降」などと認定され，具体的な始期が不明であることが多い。また，入札談合事件では，排除措置命令は基本合意が認定できれば発出可能であり，必ずしも個別物件に係る具体的認定がなされるわけではない。入札談合事件では，課徴金納付命令において一応対象となる物件は個別に特定されるものの，民事上の損害賠償の範囲と必ずしも一致するわけではない。また，制度上課徴金は違反行為の終了から遡って3年間しか賦課できないため，それ以前の取引について違反行為の影響が及んでいるのかは必ずしも判然としない。

　したがって，公取委の排除措置命令や課徴金納付命令における認定は，協議の出発点とはなるものの，最終的に和解協議の対象となる範囲は，具体的事案に即して変わることになる。和解交渉をするうえでは，上記の観点から，自己に有利な事情を丹念に洗い出し，専門家を交えた十分な検討を行ったうえで交渉に臨むことが望ましい。また，訴訟外の和解交渉においては，法的な観点のみならずビジネス上の観点から，何らかの代替的な解決策がないかについても，常に意識して交渉を進めることが必要である。たとえば，今後も取引関係が継続する相手方であれば，将来の取引を交渉材料として損害賠償の減額を求めることもあり得る。特に，長年のビジネスパートナーである等，一定の信頼関係が当事者間にある場合には，単純に法的な議論を行うよりも，ビジネス上の視点を織り込んで交渉したほうが早期解決につながることがある。

第3節

損害賠償請求訴訟の法的根拠

1　民法709条と独禁法25条

　原告が損害賠償請求をする場合，①民法709条に基づく損害賠償請求（「709条請求」）と，②独禁法25条に基づく損害賠償請求（「25条請求」）の2種類がある。前者は，一般的な不法行為に基づく損害賠償請求であり，後者は独禁法に定められた特則である。実務上は，双方のメリット・デメリットを勘案しつつ，状況に応じて，いずれの法律構成を採用するか，または双方主張するのか，検討することになる。

(1)　故意・過失の立証責任

　709条請求を行う場合，①権利侵害，②故意・過失，③因果関係，④損害・損害額という不法行為に基づく損害賠償請求の一般的な要件を主張立証することになる。

　他方，25条請求の場合，709条請求において要件とされる「故意・過失」の立証が不要とされている（独禁法25条2項）。しかし，カルテル・談合の場合，違反行為が認定できれば，事業者は通常それが法律違反であることを知っていたか，または少なくとも知らないことに過失があることが通常であるため，「故意・過失」が不要とされる実務上の意義は乏しい。

(2)　行政処分確定の要否

　25条請求は，709条請求と異なり，公取委による排除措置命令等の行政処分の確定が要件とされている（独禁法26条1項）。したがって，公取委が違反行為

を調査中であったり，公取委の命令を事業者が争ったりしている場合には，未だ25条請求に基づく訴訟を提起することはできない。これに対し709条請求については，特段時期に制限はなく，いつでも訴訟提起可能である。

(3) 消滅時効

25条請求は，排除措置命令等が「確定した日から3年」（独禁法26条2項）が消滅時効の期間とされており，いつ消滅時効が成立するかは明確である。これに対し，709条請求の消滅時効は「損害及び加害者を知った時から3年」であり，除斥期間が「不法行為の時から20年」とされている（民法724条）。被害者が「損害及び加害者を知った時」がいつなのかは，公取委による違反行為の調査が先行している場合には，公取委が違反認定を公表した時点である場合が多いと思われるものの，公取委の処分が確定する前に，被害者が独自にカルテル・談合の事実を把握していたなど必ずしも明確でない場合もあり，709条請求において，いつ消滅時効が成立するか判断に迷うことがある。消滅時効の起算点が明確である点は25条請求のメリットである。

(4) 訴訟提起できる裁判所

709条請求に基づき訴訟提起する場合，「不法行為地」としての原告の普通裁判籍の所在地を管轄する地方裁判所に訴訟提起することが可能である。他方，25条請求については，第一審は東京地裁の専属管轄とされる（独禁法85条の2）。25条請求の場合，原則として3名の裁判官により審理が行われるが，裁判所の裁量により5名の裁判官による審理も可能である（同法86条1項・2項）。

(5) 公取委への求意見

裁判所は損害の額について公取委に任意で意見を求めることができる（独禁法84条1項）。ただし，この意見はあくまで参考資料としての位置付けであり，裁判所の判断を拘束するものではない[2]。また，公取委の行政調査は，民事上の損害賠償を目的に調査しているわけではないから，一般論を超えて実質的な意

2　最判昭62・7・2民集41巻5号785頁。

見が出てくることは必ずしも期待できない。

　以上からすると，709条請求と比較した25条請求の実務上のメリットは，消滅時効くらいであり，それ以外に特段大きなメリットは見出しがたい。公取委の把握しているところによれば，2014年度当初において係属中の25条請求に基づく訴訟は11件であったが，当該11件のうち９件は判決により終了し，2014年度末時点において係属中の訴訟は２件に止まるとのことである（「平成26年度公取委年次報告」88頁）。709条請求については，網羅的な統計がないため実態把握が困難であるが，25条請求より利用頻度が高いことは確かであろう。

2　不当利得返還請求訴訟

　損害賠償請求とは異なるが，実務上同一の機能を果たす請求として，不当利得返還請求がある。いずれも入札談合事件であるが，社会保険庁シール談合事件[3]，防衛庁乾電池談合事件[4]および防衛庁石油製品談合事件[5]において，実際に裁判所で不当利得返還請求が認容されている。

　不当利得返還請求が認容される要件は，①被告における利得の存在，②原告における損失の存在，③①および②の間の因果関係，④法律上の原因の不存在である。①②および③は，原告が被告に対し金銭の支払を行った事実が認められれば通常認定される。

　④については，契約締結時にカルテル・談合などの違反行為があった場合でも，契約の私法上の効力は別途の考慮が必要であり，直ちに無効とまでは言えないという議論がありうる。しかし，上記各事件の判決では，いずれも契約は無効という結論が導かれており，カルテル・談合に起因する不当利得返還請求訴訟において，違反行為はあったが契約自体は私法上有効であるという主張が受け入れられる可能性は低い。

　不当利得返還請求と不法行為に基づく損害賠償請求とでは，実務上，以下の

---

[3]　東京地判平12・3・31判時1734号28頁，東京高判平13・2・8判時742号96頁。
[4]　東京地判平22・6・23判タ1392号129頁。
[5]　東京地判平13・6・27判時2129号46頁。

ような相違があり，これらを勘案したうえで，いずれの法律構成を採用することが適切か判断する必要がある。

(1) 損害の立証責任

不当利得返還請求訴訟が提起された場合，主張立証の構造としては，被害者である原告が契約の無効を主張し，支払済みの契約金額全額の返還を求めるのに対し，違反行為者である被告は，抗弁として，①原告に引き渡した商品の返還，または，②返還不能の場合，費消された商品・役務の客観的価値相当額の返還請求権との相殺を主張する。したがって，基本的に商品・役務の客観的価値の立証責任は，抗弁を主張する被告が負担すると考える余地がある。709条請求や25条請求の場合，原告が，自身が被った損害について立証責任を負担することと比べると，不当利得返還請求訴訟は立証責任を被告に転嫁できるという点において原告に有利である。

(2) 連帯責任の有無

不当利得返還請求の場合，実際に商品・役務を提供し被害者から支払を受けた者が個別に責任を負担するのに対し，不法行為に基づく請求の場合，違反行為者が共同不法行為者として連帯して責任を負う。したがって，違反事業者の中に資力のない事業者がいる場合，そのリスクを誰が負担するかという点で違いが生じる。すなわち，不当利得返還請求の場合，資力に問題のある事業者の分を他の違反事業者に請求することはできないが，不法行為に基づく損害賠償請求の場合，他の違反事業者に請求することが可能である。

(3) 消滅時効

不当利得返還請求の消滅時効は原則として権利を行使できる時から10年であるのに対し，709条の不法行為に基づく損害賠償請求の消滅時効は，原則として損害および加害者を知った時から3年である。

(4) 民訴法248条の適用可能性

不法行為に基づく損害賠償請求については損害額の立証が困難である場合，

民訴法248条に基づき裁判所は任意に損害額を認定することが可能であるが，不当利得返還請求の場合は適用できない可能性がある。ただし，不当利得返還請求の場合，損害額の立証責任が事実上転換する余地がある点は前述のとおりである。

(5) 弁護士費用

不当利得返還請求の場合，弁護士費用を請求に含めることはできないが，不法行為に基づく損害賠償請求の場合，相当因果関係のある弁護士費用を請求に含めることが可能である。

第4節

損害の認定

1　損害認定の基本的考え方（差額説）

　カルテル・談合による損害については、違反行為がなかった場合の被害者の経済状態と、違反行為があった場合の被害者の経済状態を比較し、その差額を損害と見る考え方が、通説・判例である（差額説）。これは、709条請求であれ25条請求であれ同様であり、被害者の超過支払分が損害ということになる。

2　鶴岡灯油訴訟事件

(1)　事案の概要

　カルテル・談合による損害の認定については、石油ヤミカルテル事件に関する鶴岡灯油訴訟事件最高裁判決[6]が基本的な先例である。同事件は、第一次石油ショックに際し、石油元売業者らが石油製品の価格協定を行い、また業界団体である石油連盟を通じて生産調整を行ったことが、独禁法に違反するとして、公取委が勧告審決を発した事案である。

　公取委の勧告審決を契機に、山形県鶴岡市周辺の灯油の最終消費者が石油連盟と元売業者らを相手方として、損害賠償を求めて709条訴訟を提起した。元売業者から最終消費者への石油製品の流通は、元売業者から卸売店に販売され、そこから鶴岡生活協同組合へ販売され、さらに同協同組合から最終消費者へ販売されるというものであり、価格協定等がなかった場合の消費者への小売価格

6　最判平元・12・8民集43巻11号1259頁。

をどのように推認するかが主要な争点となった。

(2) 最高裁判決

最高裁は，以下の理由から，一審原告の請求を棄却した。

> ① 元売業者の違法な価格協定の実施により商品の購入者が被る損害は，当該価格協定のため余儀なくされた支出分として把握されるから，本件のように，石油製品の最終消費者が石油元売業者に対し損害賠償を求めるには，当該価格協定が実施されなかったとすれば，現実の小売価格よりも安い小売価格が形成されていたといえることが必要であり，このこともまた，被害者である最終消費者において主張・立証すべきものと解される。
>
> ② もっとも，この価格協定が実施されなかったとすれば形成されていたであろう小売価格（以下「想定購入価格」という）は，現実には存在しなかった価格であり，これを直接に推計することに困難が伴うことは否定できないから，現実に存在した市場価格を手掛かりとしてこれを推計する方法が許されてよい。
>
> ③ 一般的には，価格協定の実施当時から消費者が商品を購入する時点までの間に当該商品の小売価格形成の前提となる経済条件，市場構造その他の経済的要因等に変動がない限り，当該価格協定の実施直前の小売価格（以下「直前価格」という）をもって「想定購入価格」と推認するのが相当である。
>
> ④ しかし，協定の実施当時から消費者が商品を購入する時点までの間に小売価格の形成に影響を及ぼす顕著な経済的要因等の変動があるときは，もはや，右のような事実上の推定を働かせる前提を欠くことになる。したがって，「直前価格」のみから「想定購入価格」を推認することは許されず，「直前価格」のほか，当該商品の価格形成上の特性および経済的変動の内容，程度その他の価格形成要因を総合検討してこれを推計しなければならない。
>
> ⑤ 前記のとおり「想定購入価格」の立証責任が最終消費者にある以上，

第4節　損害の認定

「直前価格」がこれに相当すると主張する限り，その推認が妥当する前提要件たる事実，すなわち，協定の実施当時から消費者が商品を購入する時点までの間に小売価格の形成に影響を及ぼす経済的要因等にさしたる変動がないとの事実関係は，やはり，最終消費者において立証すべきことになり，かつ，その立証ができないときは，右推認は許されない。

⑥　本件では，通産省による物価対策および民生対策上の強力な価格抑制策等を考慮すれば，本件各協定の実施当時から原告らが灯油を購入したと主張している時点までの間に，民生用灯油の元売段階における経済条件，市場構造等にかなりの変動があったから，「直前価格」をもって「想定購入価格」と推認するに足りる前提条件を欠く。

⑦　原告が，「直前価格」を「想定購入価格」として損害の額の算定をすべきであって，その方法以外には，損害の額の算定は不可能であると主張していたこと，民生用灯油の価格形成上の特性および経済的変動の内容，程度等の価格形成要因について何ら立証されていないこと等から，本件各協定が実施されなかったならば現実の小売価格よりも安い小売価格が形成されていたとは認められないというほかない。

(3) 最高裁判決の評価

　鶴岡灯油訴訟事件最高裁判決は，消費者等の間接購買者が原告として訴訟を提起する場合であっても，元売段階における価格協定が最終小売価格にどのような影響を与えたかについての立証責任は原告が負担すると判示している。一般にそのような立証は困難であるから，本最高裁判決は間接購買者の被害救済を困難にするものであると見る向きもある。しかし，本件は，オイルショックに起因する異常な経済条件のもと，当時の通産省の強力な行政指導により価格を安く抑えるために価格協定が行われたという特殊な経緯がある。同判決においても，経済条件や市場構造等に特段の変動がないのであれば，価格協定の実施直前の小売価格をもって，「想定購入価格」と推認すべきであると認めている。最高裁は，本事案の結論としては，上述の特殊な経緯から「直前価格」を「想定購入価格」とする推認はもはや妥当しないとしたが，通常のカルテル・談合

事件においては，そのような特殊な経済条件が介在することはむしろ稀とも思われる。経済分析など他の推計手段も発達して来ている今日において，本判決によって，間接購買者の損害賠償請求が困難であると捉えることは，必ずしも適切でないと思われる。

3 想定価格の算出手法

(1) 伝統的手法と経済分析的手法

鶴岡灯油訴訟事件最高裁判決でも採用された差額説による場合，違反行為がなかった場合の想定価格を算出し，これを現実の価格と比較して差額を算定する作業が必要となる。この想定価格を算出する伝統的な手法としては，前後理論，物差（ヤードスティック）理論と呼ばれる考え方がある。

これに対し，今日では回帰分析により多様な価格変動要因をコントロールした精緻な分析を行う経済分析手法も注目されている。

(2) 前後理論

前後理論とは，違反行為開始前の価格を違反行為の影響のない想定価格と捉え，違反行為開始後の価格と比較して差額を算出する手法であり，鶴岡灯油訴訟事件最高裁判決でも採用された考え方である。

もっとも，実際には，長期間行われていたカルテル・談合の場合，いつの時点で違反行為が開始したか不明なことがあり，違反行為の影響を受けていない想定価格をいつの時点で捉えるかが問題となる。このような場合，実務上，当局の調査開始やカルテル・談合の解消等によって一定の時期に違反行為の中止が生じたと認められる場合には，これ以降の価格を捉えて想定価格とすることが多い。

たとえば，広島市上水道工事談合事件[7]において，東京高裁は，違反行為以前に同様の行為の存在が疑われる場合には，違反行為直前の落札価格をもって想定価格と推認することは妥当でなく，むしろ当該違反行為が終了した直後の

---

7 東京高判平18・2・17審決集52巻1003頁。

落札価格が，違反行為の影響を受けない自由な競争による価格と認められるとし，相当数の落札があり違反行為直後の落札価格を合理的に算出することができるときは，当該価格形成の前提となる経済条件，市場構造その他の経済的要因等に変動がない限り，その価格をもって想定価格と推認することが合理的である旨判示している。

　前後理論は，実際にカルテル・談合の対象となった商品・役務について，当該違反企業の現実価格をもとに推定できる点で強みがあり，実務上最も多く使用される推計手法である。他方，カルテル対象期間の価格を異なる期間の価格から推計することになるため，その間に価格に影響を及ぼす経済要因の変化（たとえば需給環境の変化など）がある場合には，それを適切に反映できないという課題があることになる。

(3) 物差理論

　物差（ヤードスティック）理論とは，時間的な前後関係ではなく，カルテルの影響を受けた市場と影響を受けていない市場とを比較し，想定価格を推計する手法である。たとえば，価格カルテルが行われなかった地域の価格をもとに，価格カルテルが行われた地域の当該商品の想定価格を推定し，これと現実価格との差額を損害額として推定する考え方である。物差理論は，同一期間での現実価格をもとに推計するため，時間的相違に基づく経済要因の変化の影響を排除できる点で強みがある。他方，比較対象とする市場の特性の相違が考慮されなければならず，また適切に比較できる市場がない場合には困難が生じるという問題がある。

(4) 回帰分析

　回帰分析とは，ある変数が他の変数とどのような相関関係にあるかを推定する統計学的手法の1つである。原因となる変数（説明変数）と，結果となる変数（目的変数）の間の関係式を観測値から求めて，要因解析を行う手法である。

　損害額の算定に回帰分析を用いるメリットは，前後理論や物差理論では考慮し得ない多様な価格変動要因を説明変数に取り込むことによって，当該市場の競争状況や需要動向などをある程度コントロールし，実態に即した想定価格の

推計が可能になる点である。すなわち，他の価格変動要因の影響を取り除き，純粋に違反行為の影響による超過分を推計することが可能であり，より精緻な分析手法といえる。

　たとえば，原材料価格が大きな割合を占める商品に関するカルテルの場合に，前後理論によってカルテル対象期間の価格とそれ以前の過去の価格を比較しても，その間に大きな原材料価格の高騰があった場合には，カルテル対象期間の価格はその影響を受けたことになり，単純に過去の価格との差額を損害としたのでは，カルテルに基づく損害を過大評価することになる。回帰分析であれば，このような場合でも，原材料価格を説明変数に含めることによって，原材料価格の変動の影響を除去し，純粋に価格カルテルの影響に基づく損害を推計することが可能となる。

　回帰分析は，さまざまな価格変動要因の影響をコントロールしたうえで損害推定が可能となる点で優れた手法であり，米国における反トラスト損害賠償請求訴訟では，古くからこのような手法が活用されている。他方，回帰分析を適切に行うためには，分析に必要な相当期間の価格変動要因に係るデータや当該データを利用する際の基礎となる市場の実態等に関する情報が必要となり，当該回帰モデルの理論的妥当性や推定結果の統計的信頼性が確保されなければならない。

　これまで我が国では，訴訟等の場面で回帰分析が積極的に利用されてきたとは言い難いが，近時カルテル事件の大型化に伴い，損害額のより精緻な推計が必要となる場面も増加している。また，近時，回帰分析等の専門的サービスを提供する事業者が日本でもサービスを提供するようになっており，このような手法を実務において活用する環境が整ってきている。前後理論や物差理論では説得力ある結論が導けない場合には，回帰分析が有力な選択肢となるものと思われる。

4　民訴法248条による裁判所の損害認定

　平成10年施行の民訴法248条は，「損害が生じたことが認められる場合において，損害の性質上その額を立証することが極めて困難であるときは，裁判所は，

口頭弁論の全趣旨及び証拠調べの結果に基づき，相当な損害額を認定することができる」と定め，裁判所の裁量による損害額の認定を認めている。

　民訴法248条の導入以前は，裁判所が損害額について心証が得られない場合，賠償請求は棄却すべきものとされていた。しかし，損害の発生は確実に認められるにもかかわらず，損害の性質上，額の立証がきわめて困難であるときに，一律に賠償請求を棄却することは不当であることから，裁判所が諸般の事情から相当な損害額を認定することを許容したものである。

　入札談合に関する損害賠償請求訴訟において，裁判所が民訴法248条に基づき適正な損害率を算定した事例は比較的多く存在し，契約価格の概ね5～10％を損害額として認める傾向にある。たとえば，民訴法248条を独禁法違反事件に初めて適用した奈良県上水道入札談合事件[8]では，一連の談合行為の態様，本件各工事の契約価格，公取委の課徴金納付命令に至る経緯等の諸事情，更には当時の課徴金の算定率が売上高の6％であったこと等を総合勘案し，契約価格の5％を損害と認定した。

　他方，座間市土木工事等入札談合事件[9]では，落札価格の約2.5％の損害額しか認められておらず，一方で徳島県土木工事入札談合事件[10]では，約20％の損害額が認められており，具体的な損害額の認定は，事案の内容や裁判所によって相当程度異なることに留意する必要がある。特に，上述の国や地方自治体等の違約金条項においては，契約価格の10％や20％を違約金と設定する例が増加しており，公取委による課徴金の率も現在では原則10％となっているため，今後の裁判所の損害認定は高額化する可能性がある点に留意する必要がある。

　また，当該物件の工事を請け負っていた既設業者が継続工事を受注する場合には，既設業者がもともと有利な立場にあったことを考慮して，裁判所がやや損害額の認定を低く抑える傾向にある。たとえば，名古屋市下水道入札談合事件[11]においては，既設物件については損害率を5％，新設物件については8％と認定しており，同一判決の中で両者を区別している。

8　奈良地判平11・10・20判タ1041号182頁。
9　横浜地判平14・4・24審決集49号683頁。
10　徳島地判平15・6・13審決集50巻889頁。
11　名古屋地判平13・9・7判時1788号27頁。

入札談合以外のカルテル事案においては，そもそも民事訴訟が提起されることが少ないため，民訴法248条を適用した事例は現れていないが，価格変動要因の複雑さという意味では同様であり，実際に訴訟が提起された場合には，裁判所が同条を適用して損害額を認定し事案の解決を図る可能性が十分ある。

第5節

証拠の収集

1 概　　要

　独禁法違反行為の被害者が違反企業に対して損害賠償請求訴訟を提起する場合に，違反行為，損害および因果関係の認定の基礎となる証拠をどのようにして収集するかという問題がある。民事訴訟の大原則として，損害賠償請求を基礎付ける事実の立証責任は原告にあるため，十分な証拠が提示できなければ，裁判所は原告の請求を棄却せざるを得ない。他方，カルテル・談合は，行為の性質上秘密裡に行われるため，私人が自力で違反行為，損害および因果関係を立証するに足る証拠を収集することは困難である。そこで，損害賠償を請求する原告としては，公取委が調査の過程で収集した証拠にアクセスし，民事訴訟において活用できないかを検討することになる。

　独禁法違反事件では，まず公取委による調査が先行し，これを契機に違反行為の事実が発覚し，被害者による損害賠償請求に発展することが多い。そのため，被害者が損害賠償請求訴訟を提起する段階では，公取委が既に調査の過程で事件に関連する証拠を収集していることが多く，原告としては，そうした証拠にアクセスし民事訴訟の証拠として有利に活用できないかが重大な関心事となる。

　平成25年改正以前においては，公取委が収集した証拠へのアクセスについては，主として旧70条の15に基づく審判記録の閲覧・謄写の問題として論じられてきた。ところが，同改正により審判手続が廃止されたことに伴い，同条も廃止され，今後は審判記録の閲覧・謄写以外の証拠収集手段の重要性が高まるものと推察される。

具体的には、①裁判所への文書送付嘱託の申立て（民訴法226条）、②裁判所への文書提出命令の申立て（民訴法221条〜225条）、③公取委の命令に係る取消訴訟記録の閲覧・謄写などが考えられる。

2　旧法下の審判記録の閲覧・謄写の実務

　平成25年改正前の旧70条の15は、「利害関係人は、公取委に対し、審判手続が開始された後、事件記録の閲覧若しくは謄写又は排除措置命令書、課徴金納付命令書、審判開始決定書若しくは審決書の謄本若しくは抄本の交付を求めることができる」と定めていた。閲覧・謄写を請求できる「利害関係人」には、損害賠償請求訴訟の当事者となる違反行為の被害者も含まれ、25条請求か709条請求かを問わず、また公取委の命令が争われて未だ確定していない場合であっても、事件記録の閲覧・謄写を請求することは可能と解されていた[12]。

　公取委は、審判記録の閲覧・謄写請求がなされると、まず請求された情報の利害関係人から意見を聴いたうえで、正当な理由があればそれを黒塗りするなどのマスキングを施し、また端緒情報や審査手法が推知される情報など公取委の今後の調査に影響を及ぼすような情報についても、同様にマスキングするなどして、一部非開示とする運用を行っていた。

　これに対し、かかる非開示の取扱いを不服として、裁判所に非開示部分の開示を求める事件が発生した。競合新聞社に対する妨害行為などが私的独占として問題となった北海道新聞社事件では、違反行為者である北海道新聞社に対する公取委の手続は同意審決で終了した。他方、事件の被害者である函館新聞社が、違反企業である北海道新聞社を相手とする損害賠償請求訴訟に利用する目的で、公取委に対し審判記録の閲覧・謄写を請求した。これに対し、公取委が、審判記録の一部をマスキングして非開示としたことに対し、函館新聞社が不服として裁判所に提訴した。裁判所は、行政機関が開示を拒否できるのは明文の根拠のある場合であり、本件ではそのような根拠がないなどの理由から、公取委に対し、函館新聞社の請求する非開示部分の開示を命じたものである[13]。

12　東京高判昭46・7・17行集22巻7号1070頁、最判平15・9・9判時1840号3頁。
13　東京高判平18・9・27判タ1233号169頁。

本判決は，原告への公取委の審判記録の全面開示を認めるもので被害者救済に資するものであったが，他方で事業者の秘密など当該情報を開示することで他者の正当な利益が害される場合にまで無制限に開示が認められるという問題があった。そのため，平成20年改正では，「第三者の利益を害するおそれがあると認めるときその他正当な理由があるとき」には，公取委が審判記録の一部の情報を非開示とすることが可能となるよう旧70条の15に明文の定めが置かれることとなった。その後公取委は，審判記録の閲覧・謄写の請求があった場合，事業者の秘密や今後の審査に影響が生じる情報等についてマスキングした上で開示に応じる運用を行ってきた。

　しかし，平成25年改正により審判制度が廃止され，公取委の命令に対しては直接裁判所に取消訴訟を提起する制度となったことから，審判記録に係る旧法70条の15も廃止された。したがって，違反行為の被害者は，公取委の審判記録にアクセスして証拠収集することはできなくなり，別の手段を講じて証拠収集を図ることが求められることになった。

③　公取委の事件記録の開示を求める方法

(1)　文書送付嘱託（民訴法226条）

　文書送付嘱託は，裁判所が文書の所持者に対して当該文書の送付を嘱託し，これに応じて送付された文書を証拠とする制度である。独禁法違反行為に係る損害賠償請求訴訟においても，原告は裁判所に文書送付嘱託を申し立て，公取委の保有する資料の提出を求めることが可能である。

　公取委は，裁判所から文書送付嘱託があった場合の対応について運用指針を公表している（1991年5月15日「独占禁止法違反行為に係る損害賠償請求訴訟に関する資料の提供等について」[14]）。

　これによると，命令に関する取消訴訟が係属中である場合その他命令が確定していない場合は，排除措置命令書または課徴金納付命令書の謄本または抄本を提供することとしている。これは命令が確定していない以上，その基礎とな

14　直近のものは平成27年3月31日事務総長通達第7号。

る事件記録を取消訴訟以外の手続で開示することは適切でないという配慮に基づくものと考えられる。

　他方，命令が確定した場合には，命令に至るまでの過程で取得・作成した資料のうち，違反行為の存在ならびに違反行為と損害との間の関連性ないし因果関係および立証額に関連する資料を裁判所に提出するとしている。具体例としては，命令において事実認定の基礎とした資料，違反行為の対象商品または役務の取引・流通慣行等に関する資料，違反行為の経緯・実施状況・実効性確保手段等に関する資料，その他違反行為と損害との間の関連性ないし因果関係および損害額を立証するために有益と考えられる資料が挙げられている。

　ただし，公取委が資料を提供する際には，事業者の秘密（①非公知の事実であって，②関係事業者が秘密にすることを望み，③客観的にみてもそれを秘密にすることにつき合理的理由があると認められるもの）や個人のプライバシーに配慮し，問題がある場合には，資料の一部を抹消したり代替的な方法によって提出したりするとされている。また，資料の取得源が明らかになれば当該資料の提供者が不利益を受けるおそれがあると認められる資料，その他将来の事件処理に具体的に支障が生ずることが明らかに認められる特段の事情がある資料についても，一部抹消する等の配慮をしたうえで提出するとしている。

(2) 文書提出命令（民訴法221条〜225条）

　文書送付嘱託は，あくまで嘱託先（公取委）の判断に基づき資料提出の可否・範囲が決定されるため，原告にとっては，必ずしも立証に十分な資料の提供が受けられない場合がある。そこで，原告としては，裁判所の命令によって強制的に文書を証拠として顕出させる手段を講じることになる。それが文書提出命令の申立てである。

　独禁法関連訴訟においても，文書提出命令の申立てがなされ，その可否や範囲について裁判所で争われたケースは複数存在する。五洋建設事件では，入札談合に係る役員責任を追及する株主代表訴訟において，原告が，裁判所に文書送付嘱託の申立てを行い，公取委の保有する資料の提出を要求した。これに対し，公取委が，審決書謄本，課徴金納付命令書謄本および課徴金納付命令対象工事一覧表しか提供しなかったため，原告が供述調書等について文書提出命令

第5節　証拠の収集

を申し立てた。公取委は，供述調書の提出は審査業務に著しい支障が生ずるおそれがある旨主張したが，裁判所は，公取委の主張を排斥し，供述調書等の文書の提出を命じた[15]。

　また，CPU の販売リベートの設定が私的独占として問題となったインテル事件では，被害者である競合事業者 AMD がインテルを相手方とする損害賠償請求訴訟を提起した。AMD は，文書送付嘱託の申立てを行い，公取委はこれに応じて一定の文書を裁判所に提出し，当該文書にはインテル関係者の供述調書が含まれていたものの，CPU の販売先である国内パソコンメーカー各社からの供述調書は含まれていなかった。そこで，原告は，文書提出命令を申し立て，裁判所は，文書送付嘱託では提出されなかった証拠について，公取委に対し，インカメラ手続に入るための文書提出を命じた。インテル事件では，その直後に米国での和解を受けて，AMD が日本でも訴えを取り下げたため，最終的な文書提出命令の申立てに対する判断は下されないまま事件が終結した。もし訴えの取下げがなければ，裁判所がどのような判断を下していたかは不明であるが，少なくとも裁判所はインカメラ手続によって個別に文書提出の必要性と文書提出により損なわれる他の利益のバランスを図ろうとしていたようであり，裁判所は公取委が認めた範囲より広い範囲の文書提出を認める可能性があった。

　住友電工事件は，光ファイバーケーブル製品等に関するカルテル事件に関連して住友電工の役員の個人責任が追及された株主代表訴訟である。公取委が，住友電工に対し課徴金納付命令を発したことから，原告は，住友電工の役員に，カルテルを防止できなかったことやリニエンシーを利用しなかったこと等につき善管注意義務違反があるとして，課徴金相当額の損害賠償請求がなされた。本件では，原告が，文書送付嘱託を経ることなくただちに文書提出命令および文書特定の手続の申立てを裁判所に行ったところ，裁判所は，公取委に対し住友電工従業員の供述調書や同社の報告書の提出を命じた[16]。

　このように文書提出命令は，原告が公取委が保有する証拠にアクセスする有効な手段として機能する可能性があり，損害賠償請求訴訟を提起する原告は，

15　東京地判平18・9・1金判1250号14頁，東京高判平19・2・1金判1303号58頁。
16　大阪地判平24・6・15判時2173号58頁。

こうした手段を十分検討する必要がある。

(3) リニエンシー関連書類の取扱い

　上記のとおり，公取委が審査の過程で取得した一定の証拠について，文書送付嘱託や文書提出命令によって裁判所に顕出することが可能となるが，違反行為者が課徴金減免申請（リニエンシー）に基づき提出した資料についても同様にアクセス可能かという問題がある。損害賠償請求訴訟の原告の観点からは，違反行為を基礎付ける証拠であれば，広汎にアクセスしたいという要請がある一方，被告企業の観点からは，そのような証拠が民事訴訟で自己に不利益な証拠として利用されるのであれば，そもそも課徴金減免申請をするインセンティブが損なわれることになる。その結果，課徴金減免制度が機能しなくなれば，独禁法の適正な執行にも支障が生じるおそれがある。

　前述の住友電工事件では，同業者の提出した課徴金減免申請関連書類については，証拠調べの必要性がないとして，文書提出命令が却下されている。

　課徴金減免申請関連書類については，これが後日民事訴訟で開示され自己に不利な証拠として利用されるとすると，違反行為を発見した事業者が自ら課徴金減免申請するインセンティブを阻害し，ひいては課徴金減免制度の円滑な利用が阻害されるおそれがある。現在の執行実務において課徴金減免制度は事件摘発に重要な機能を果たしており，同制度の利用が阻害されると独禁法の執行に重大な支障が生じるおそれがある。そのため，公取委は，課徴金減免申請に伴い提出された報告書等について裁判所から提出を求められた場合には，「公務員の職務上の秘密に関する文書でその提出により公共の利益を害し，又は公務の遂行に著しい支障を生ずるおそれがあるもの」（民訴法220条4号ロ）として，開示しない方針をとっている。

　また，日本の実務においては，課徴金減免申請がなされても，公取委は申請者も含めて立入検査を行い証拠を収集することが原則である。課徴金減免申請を行った企業の役職員も審査手続の中で事情聴取の対象となり供述調書も作成されることから，課徴金減免申請関連書類が提出されなくとも，審査過程で収集された証拠が裁判所に提出されれば，それで十分であることも多い。その場合には，課徴金減免申請関連書類の証拠調べの必要性がないということになろ

うが，実際には，広範な商品について課徴金減免申請をしたものの，公取委が最終的に立件したのは，限定された一部の商品であったという場合もあるため，常に必要性が否定されるとは限らない。

> **コラム** リニエンシー制度と民事責任
>
> 　リニエンシー申請することで当局による制裁の減免というメリットは享受できるが，民事責任が減免されるわけではない。そのため，リニエンシー申請したメリットに比較して民事訴訟での不利益の程度が大きい場合には，事業者がリニエンシー申請するインセンティブを阻害し，制度が有効に機能しなくなるのではないかという懸念が生じる。
>
> 　民事訴訟が活発な米国では，経済的には民事訴訟の負担のほうが当局による制裁よりはるかに重いことが通常であり，一層こうした懸念が生じる。米国では，当局による調査開始等の報道がなされると，直接または間接に対象商品を購入した者による多数の民事訴訟が提起される。原告は，いわゆる懲罰的賠償として実損害額の３倍まで損害賠償請求が可能であり，カルテルの被告企業は連帯責任を負担するとともに，被告企業間での求償はできないとされているため，各被告企業は巨額の損害賠償リスクに直面することになる。
>
> 　そのため，違反行為を発見した企業が過酷な民事責任を懸念してリニエンシー申請を躊躇することにならないよう，米国では，１番目の申請者については，刑事免責を与えるのみならず，民事訴訟において原告に協力して証拠を提出することを条件に，損害賠償の範囲を懲罰的賠償ではなく実損害額（１倍額）に限定し，連帯責任も負わないとすることによって，民事責任の軽減を図っている（Antitrust Criminal Penalty Enhancement and Reform Act of 2004）。
>
> 　我が国においては，米国のように民事訴訟が活発とはいえず，懲罰的賠償制度もないため，同列には論じられないが，課徴金減免制度の円滑な運用と被害者の救済との適切なバランスを図る必要があるという点では共通している。

４　公取委の確定した命令の民事訴訟に及ぼす効果

　公取委の正式な命令が発出され確定した場合に，そのこと自体および当該命令で認定された事実関係を根拠に民事訴訟における原告の立証負担を軽減できないかという議論がある。

公取委の行政手続と被害者による民事訴訟とは，法律上別個の手続であり，たとえ公取委の正式な命令が確定したとしても，そのことによって，被告が民事訴訟において違反行為を争えなくなるわけでも，民事訴訟の裁判官が公取委の事実認定に拘束されるというわけでもない。そのため，民事訴訟において被告が事実を争う場合には，原告は改めて違反事実を立証しなければならない。

　しかし，公取委は，独禁法に規定された手続に従って相当のリソース・期間を使って調査を行い，被疑事業者への意見聴取手続等の慎重な手続を経たうえで違反事実を認定し，正式な命令を発出しているのであるから，それが確定したのであれば，民事訴訟の原告が改めて違反事実を立証する必要はないのではないか，立証の必要があるとしても負担をある程度軽減してもよいのではないか，という考えである。

　この点のバランスを図る観点から，公取委の判断に事実上の推定力を認める考え方がある。鶴岡灯油訴訟事件最高裁判決（最判平元・12・8民集43巻11号1259頁）は，当時存在した公取委の勧告審決の事実上の推定力を認めつつ，審判審決や同意審決に比して，推定力の程度は相対的に弱いとした。そのため，一般的には，刑事事件判決，民事・行政事件判決，公取委の命令および審決の順に推定力が強く，公取委の審決についても詳細な事実認定がなされる審判審決や事業者が公取委の認定した事実を自認している同意審決は，単に勧告への応諾を条件とする勧告審決より，推定力が強いとされた。

　現在公取委が下す処分に勧告審決や同意審決はなく，また平成25年改正により審判制度も廃止されたことから，公取委の命令の法的性格は，他の行政機関が発する通常の行政処分と変わらなくなった。したがって，公取委の命令に他の行政処分と異なる事実上の推定力を認める合理的理由は乏しくなっている。

　平成25年改正法施行後の公取委の命令にどこまで事実上の推定力を認めるかについて判断した裁判例はまだないが，上記法改正の流れからは，裁判所が強い事実上の推定力を認める可能性は低い。したがって，原告としては，公取委の命令があるからといって裁判所が違反行為を推定するものではないことを前提に，十分な証拠収集の努力を払う必要があることになる。

5 取消訴訟の訴訟記録の閲覧・謄写

(1) 訴訟で提示される証拠の範囲

　公取委の命令に係る取消訴訟が提起された場合，同訴訟に提出された証拠や準備書面等の訴訟記録は，裁判公開の原則の下で一般に公開され，誰でもこれを閲覧することができる（民訴法91条1項）。

　他方，訴訟記録の謄写が許されるのは，当事者および利害関係を疎明した第三者に限られ，一般人には認められていない（同法91条3項）。第三者に疎明が求められる「利害関係」とは法律上のものでなければならないと解されているが，訴訟に参加しようとする場合や訴訟告知を受けた場合などのように，訴訟の結果について直接の利害関係があることを要しない。

　したがって，独禁法違反行為の被害者であり，民事訴訟を提起した者または提起しようとする者は，「利害関係」が認められる可能性が高い。

　取消訴訟において，公取委からどの範囲の証拠が提出されるかは，事案や争点によって異なり得ると思われるが，命令の基礎となる事実が争われている場合には，意見聴取手続で準備された資料は裁判所に証拠提出される可能性が高いものと推測される。

　その場合には，損害賠償請求訴訟の原告は，利害関係を疎明して，訴訟記録を謄写することで自らの訴訟に有利な証拠を入手できる可能性がある。

(2) 閲覧・謄写等制限の申立て

　上記のとおり，訴訟記録は公開原則の下で，誰でも閲覧が可能であり，利害関係のある第三者であれば謄写も可能である。しかし，訴訟記録中に当事者の法的保護に値する秘密が記載されている場合には，訴訟当事者以外の者による訴訟記録の閲覧・謄写を通じてその秘密が漏洩するおそれがある。

　特許侵害訴訟や独禁法24条に基づく差止請求訴訟については，裁判所による秘密保持命令の制度があるが（特許法105条の4，独禁法81条），行政訴訟を含む民事訴訟一般にはこの種の規定はなく，公取委の命令の取消訴訟においても同様である。しかし，そのような場合でも，訴訟記録の閲覧・謄写等制限の申立

てをし，訴訟記録中の秘密部分について閲覧・謄写等の請求をできる者を当事者に限定することが可能である（民訴法92条1項）。

　ただし，閲覧・謄写等制限の対象となるのは，当事者の重大なプライバシーと当事者が保有する営業秘密に限られている（同法92条1項1号・2号）。公取委の命令に係る取消訴訟の文脈で問題となるのは，主に営業秘密であるが，ここでいう営業秘密は不正競争防止法2条6項に規定する営業秘密，すなわち，「秘密として管理されている生産方法，販売方法その他の事業活動に有用な技術上又は営業上の情報であって，公然と知られていないもの」とされており，限定的である。

　独禁法違反被疑事件において公取委が収集する情報は広範囲に及ぶため，必ずしも不正競争防止法上の営業秘密に該当しないが，事業者としては一般に秘密にしておきたいと望む情報が含まれる可能性がある。被告企業の立場としては，こうした情報が，訴訟記録を通じて第三者に流出することは避けたいところであり，これらの情報の取扱いについては，今後難しい問題を惹起する可能性がある。

第4章

私的独占・不公正な取引方法

　私的独占・不公正な取引方法に関する訴訟は，カルテル・談合の場合と形式的な手続は重なる部分が多く，一般的な解説書では特別な検討の対象とされないことが多い。しかし，私的独占・不公正な取引方法に関する実際の事案を検討すると，カルテル・談合の場合とは異なる点も多く，こうした特徴を踏まえたうえでなければ適切な訴訟戦略を組み立てることは難しい。本章では，カルテル・談合の場合との違いを意識しながら，抗告訴訟，損害賠償請求訴訟および差止請求訴訟のそれぞれについて，関係当事者が留意すべき実務上のポイントを示す。
　また，私的独占・不公正な取引方法に関する重要な手続として導入が検討されている確約手続についても概観する。

第4章　私的独占・不公正な取引方法

第1節

はじめに

1　本章で取り扱う行為類型

　本章では，カルテル・入札談合以外に独禁法上違法とされている私的独占および不公正な取引方法（以下「私的独占等」という）に関する訴訟について取り扱う。

　本章で検討の対象とする主な行為類型は，まず私的独占については排除型私的独占（独禁法2条5項前段）および支配型私的独占（同法2条5項後段）の2つ，そして不公正な取引方法については優越的地位の濫用（同法2条9項5号）および再販売価格の拘束（同法2条9項4号）の2つである。

　なお，不公正な取引方法の各類型は独禁法2条9項各号および一般指定に定められているが[1]，これらのうち，他の事業者を排除する効果を有するもの[2]については，行為態様が排除型私的独占と重なっており，排除型私的独占についての検討に包摂されると考えられることから，独立した検討の対象とはしない。また，不公正な取引方法のうち共同の取引拒絶（独禁法2条9項1号，一般指定

1　共同の取引拒絶（独禁法2条9項1号，一般指定1項），単独の取引拒絶（一般指定2項），差別対価（同法2条9項2号，一般指定3項），その他の差別的取扱い（一般指定4項），不当廉売（同法2条9項3号，一般指定6項），ぎまん的顧客誘引（一般指定8項），再販売価格拘束（同法2条9項4号），優越的地位の濫用（同法2条9項5号），抱き合わせ販売（一般指定10項），排他条件付取引（一般指定11項），その他の拘束条件付取引（一般指定12項）および競争者に対する取引妨害（一般指定14項）等がある。

2　具体的には，不当廉売（同法2条9項3号，一般指定6項），単独の取引拒絶（一般指定2項），差別的取扱い（一般指定3項・4項），抱き合わせ販売（一般指定10項）および排他条件付取引（一般指定11項）等。

1項)については，行為態様が不当な取引制限と重なっており，不当な取引制限についての検討に包摂されると考えられることから，独立した検討の対象とはしない。

また，訴訟類型としては，大きく，①公取委が発した排除措置命令および課徴金納付命令といった処分の適法性を争う抗告訴訟，②違反行為によって損害を被った者が行為者に対して提起する私人間の民事訴訟の2つの類型がある。さらに②民事訴訟については，被害者から違反行為者に対する損害賠償請求，および，不公正な取引方法を理由とする請求の場合にのみ認められる，違反行為の差止めを求める差止請求訴訟がある。本章では，それぞれの訴訟類型における実務上の留意点についても解説する。

加えて，環太平洋パートナーシップ協定（以下「TPP協定」という）の締結に関する議論を契機に導入が検討された確約手続についても，私的独占等が主な対象となることから，本章で解説する。

2 私的独占等の特徴

独禁法違反に関する訴訟の流れは，その違反が私的独占等であろうとカルテル・入札談合であろうと，基本的には同じである。しかし，私的独占等にはカルテル・入札談合と異なる特徴がいくつかある。これらの特徴に応じて，私的独占等については，カルテル・入札談合に対するものと一部異なる手続が用意されているほか，手続自体はカルテル・入札談合の場合と共通でも実務上留意すべきポイントが異なる場合がある。そこで，具体的な各論レベルの検討に入る前に，カルテル・入札談合と比較した場合の私的独占等の特徴を確認し，その特徴が各論レベルでどのような違いとなって顕れるかを簡単に整理しておきたい。

私的独占等の第1の特徴は，カルテル・入札談合が複数の事業者による行為であるのに対し，私的独占等は，通常は単独の事業者による行為（単独行為）であるという点である。この特徴は，主に証拠の収集に関する場面で，カルテル・入札談合の場合とは異なる問題点を惹起する。まず，単独行為が問題となる私的独占等には課徴金減免制度が存在しない。その結果，違反行為の証拠は，

カルテル・入札談合の場合と異なり，主に当該行為を行った事業者（行為者）自身，または当該行為によって被害を受けたと主張する事業者（被害者）から取得されることになり，証拠の収集や利用をめぐって私的独占等に特有の問題点が生じることがある（第2節①(2)および(4)参照）。

　第2の特徴は，私的独占等については，明らかな利害関係を有する被害者が存在することが多いという点である。カルテル・入札談合の場合も，価格を吊り上げられた商品を購入したという意味での被害者は存在するが，被害者が不特定多数で1人当たりの被害が僅少であったり，行為者と被害者がお互いに重要な取引先であったりといった事情から，行為者と敵対することは必ずしも多くない[3]。一方，私的独占等の場合は，市場への参入を妨害されたり，不当な利益の提供を余儀なくされたりといった，より直接的な被害が特定の者に生じることが多く，さまざまな場面で行為者と被害者が敵対することになりやすい（第2節①(2)，②(1)②，第3節①参照）。

　第3の特徴は，私的独占等については，通常の事業活動が問題とされる場合が多いという点がある。カルテル・入札談合は，競合他社との間で価格情報等を交換するというイレギュラーな行為であり，事実の細部については争いがあるとしても，かかる行為自体が独禁法違反となることは誰の目にも明らかであることが多い。一方，私的独占等の場合，そうしたあからさまな違法行為ではなく，行為者が事業の一環として日常的に行ってきた業務やビジネスモデル自体が問題となることが珍しくない。このような場合，当該行為（業務やビジネスモデル自体）が市場に及ぼす効果がどのようなものであったかという点が，訴訟での主たる争点となる（第2節②(2)②参照）。また，私的独占等の場合，行為者に独禁法違反行為をしているという認識がないことも多い。このため，たとえば，損害賠償請求訴訟における故意・過失の要件について，カルテル・入札談合を前提とした議論をそのまま私的独占等の場合に当てはめることはできない（第3節③参照）。さらに，差止請求訴訟における「著しい損害」という要

---

[3] ただし，第3章第1節で述べたとおり，近時摘発された大規模なカルテル事件等では，被害者の損害額も大きくなり，株主その他のステークホルダーへの説明責任を果たす観点から，法的に請求可能なものはきちんと請求すべきであるという考え方も強くなってきている。

件はこれまで非常に限定的に解釈されてきたが，その背景にも，ここで述べた第3の特徴への配慮があると考えられる（**第4節**2(6)**参照**）。

以上のように，私的独占等に関する訴訟では，私的独占等の特徴に応じてカルテル・入札談合に関する議論が修正される点が多いことに留意する必要がある。

3 私的独占等に関する手続の概観

基本的な手続の流れは，問題となる独禁法違反が私的独占等であろうと不当な取引制限（カルテル・入札談合等）であろうと，基本的には共通である。したがって，手続の概要については**第2章第1節**を参照されたい。ただし，私的独占等に特有の手続が若干存在するため，具体的な各論レベルの検討に入る前にそれらの手続の概要を解説する。

(1) 確約手続

私的独占等に関する手続の重要な特徴として，TPP協定の締結に伴う改正で新たに導入された確約手続の存在が挙げられる。確約手続は，私的独占等を主な対象とすることを想定した手続である。確約手続による場合，独禁法違反が認定されても排除措置命令および課徴金納付命令は行われないことから，私的独占等に関する実務に与える影響は大きい。このため，以下では確約手続の概要について述べることとする。

なお，確約手続を導入した改正独禁法の施行日は，本書執筆時点では確定していない。改正法の施行日は「環太平洋パートナーシップ協定が日本国について効力を生ずる日」[4]である。そして，TPP協定は，発効日について以下のいずれかの場合と定めている[5]。

① すべての原署名国がそれぞれの関係する国内法上の手続を完了した旨を書面により寄託者に通報した日の60日後

② 協定の署名の日から2年の期間内にすべての原署名国がそれぞれの関

---

[4] 環太平洋パートナーシップ協定の締結に伴う関係法律の整備に関する法律案附則1条。

[5] TPP協定30.5条1項〜3項。

係する国内法上の手続を完了した旨を書面により寄託者に通報しなかった場合において，少なくとも6の原署名国であってこれらの2013年における国内総生産の合計が原署名国の2013年における国内総生産の合計の85パーセント以上を占めるものが当該期間内にそれぞれの関係する国内法上の手続を完了した旨を書面により寄託者に通報したときは，当該期間の満了の60日後

③　上記①②に従って効力が生じない場合には，少なくとも6の原署名国であって，これらの2013年における国内総生産の合計が原署名国の2013年における国内総生産の合計の85％以上を占めるものがそれぞれの関係する国内法上の手続を完了した旨を書面により寄託者に通報した日の60日後

しかし，国内総生産において原署名国全体の約60％を占める[6]米国がTPP協定からの離脱を表明するなど，今後TPPが発効されるに至るかは，本書執筆時点では不透明な状況にある。

もっとも，仮にTPP協定が発効しない場合であっても，我が国独自の制度として確約手続が導入される可能性も十分にあり，また，実際に導入された場合に私的独占等に関する実務に及ぼす影響は非常に大きいため，企業の法務担当者は具体的な制度の概要について把握しておく必要がある。

確約手続は，TPP協定16.2条5項において，各署名国が「［競争法］違反の疑いについて，当該国の競争当局とその執行の活動の対象となる者との間の合意により自主的に解決する権限を与える」旨の規定を設けたことを契機として導入されたものである。確約手続の制度設計に当たっては，EUの確約手続（Commitment Procedure）が参考とされている[7]。ただし，日本で導入される確約手続は，①EUの確約手続には，事業者が約束した措置を実施しない場合に制裁金等のペナルティーが科されるのに対し，日本の確約手続には制裁金等の仕組みはなく，仮に約束違反があった場合は通常の調査に復帰することになるという点，また，②EUの確約手続には，措置の内容について，利害関係を

6　国際通貨基金（IMF）の数値による。
7　柿沼重志「確約手続を導入するための独占禁止法の改正―TPPを契機とした「国際標準」の競争法への歩み―」立法と調査376号48頁。

第 1 節　はじめに

有する第三者から意見を募集する仕組みがあるのに対し，日本の確約手続には そうした仕組みがないといった点で，EU の確約手続と異なっている[8]。①については，制裁金等のペナルティーを科さずに排除措置計画の実効性を確保できるかという疑問は生じるが，約束した措置が実施されない場合は通常の調査に復帰して排除措置命令等が行われる仕組みとなっていることから，一定の抑止力は働くと考えられる。②については，法令上の規定は設けられていないものの，運用上，関係する事業者に意見を聴くということは十分に考えられるため[9]，実際上の差異は必ずしも大きくないと考えられる。

　確約手続の概要は以下のとおりである。

①　公正かつ自由な競争の促進を図る上で必要があると認めるとき（ただし，価格カルテル・入札談合等は対象外[10]とすることが想定されている）に，公取委が被疑事業者に対して，独禁法の規定に違反する疑いのある行為の概要・法令の条項等を通知する[11]。

②　被疑事業者は，当該通知を受領後60日以内に，排除措置計画を自主的に作成・申請することができる[12]。

③　公取委が当該排除措置計画を認定した場合には，排除措置命令・課徴金納付命令を行わないこととする。認定の基準は以下のとおり[13]。
　（ⅰ）排除措置計画が，疑いの理由となった行為を排除するために十分なものであること
　（ⅱ）排除措置が確実に実施されると見込まれるものであること

④　②で事業者が排除措置計画を申請しなかった場合，③で公取委が②の

8　柿沼・前掲注 7・50頁。もっとも，平成29年 1 月19日に公表された，公正取引委員会の確約手続に関する規則（以下「確約手続規則」という）に対する「意見の概要及びそれに対する考え方」（以下「パブリックコメント回答」という）において，公取委は，かかる第三者からの意見募集について，今後確約手続に関するガイドライン（仮称）の策定に際して検討する旨を回答しているため，運用によって，事業者が提示した排除措置計画案が第三者からの意見募集に付される可能性はある。

9　柿沼・前掲注 7・50頁。

10　パブリックコメント回答。なお，法文上は明記されていない。

11　平成28年改正後の独禁法48条の 2 。

12　平成28年改正後の独禁法48条の 3 第 1 項。

13　平成28年改正後の独禁法48条の 3 第 3 項。

> 申請を却下した場合，または排除措置計画の認定後に，事業者が当該計画を実施していない等の理由により認定が取り消された場合には，通常手続に戻り，意見聴取手続等の事前手続が行われることになる[14]。

　そのほか，公取委は，パブリックコメント回答において，現段階の想定として，(i)確約手続における認定後，透明性の確保の観点から，事案の概要等を公表することを考えていること，(ii)公取委が確約手続の通知を行う前であっても，事業者から確約手続を選択したい旨を申し出ることは排除されるものではないこと，(iii)通知を受けた事業者から，通知内容や今後の手続等について確認を求める相談があった場合には，適切に対応していくこと，(iv)今後，改正法の施行までの間に，必要に応じて，確約手続に関するガイドライン（仮称）を策定する方針であること等を明らかにしている。

　確約手続が導入された場合には，事件処理の迅速性および簡便性の点から，違反事業者としてはこの確約手続の利用を積極的に検討すべきと考えられる。もっとも，確約手続のプロセスを経るかどうかは公取委の裁量によるところ，公取委としては，①排除措置計画に関する事例が蓄積されるまでは，承認可能な排除措置計画の基準が定まらないこと[15]，②事業者が排除措置を実施していない場合の制裁が設けられていないため，その実効性を保つためのモニタリングコストが多額になりやすいこと，③排除措置を実施していないことを理由として通常の手続に戻った場合に，時間の経過による証拠の隠滅や散逸のおそれがあること等の理由から，確約手続が私的独占等に関する調査の主流となるかどうかを見極めるには，制度施行後一定の期間を要すると思われる。

(2) 差止請求訴訟

　差止請求訴訟は，事後的な金銭賠償だけでは被害者の救済にならない場合も

14　平成28年改正後の独禁法48条の4・48条の5第1項参照。
15　なお，平成29年1月19日に制定された確約手続規則に定められた各様式の記載上の注意事項によれば，排除措置計画の申請書の添付書類の例として，今後同様の行為を行わない旨を取締役会等で決議した場合の取締役会等の議事録の案，ならびに従業員に対する研修を実施する場合には研修の内容および対象となる従業員の名簿等が挙げられており，排除措置計画の内容を検討するにあたって一定程度参考になると考えられる。

【図表7】 確約手続の流れ

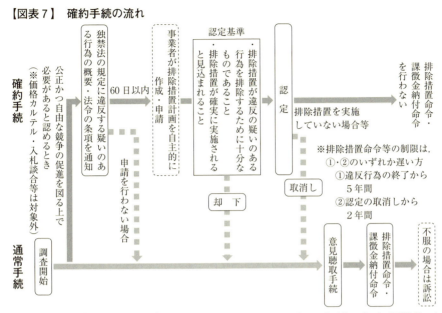

出所：公取委ウェブサイト（http://www.jftc.go.jp/houdou/kouenkai/kondankai1607.files/1607kondankai_1.pdf）

あることや独禁法違反を抑止すること等を目的として[16]，不公正な取引方法についてのみ特に認められたものである[17]。差止請求の対象は不公正な取引方法[18]に限定されているが，第1節①で整理したように，私的独占に該当する行為は，その多くが同時にいずれかの不公正な取引方法にも該当することから，当該行為を不公正な取引方法として構成し得る限りにおいて，私的独占も差止請求の対象となる。下請法および景品表示法に違反する行為についても，同様に考えることができる[19]。

---

16 根岸哲編『注釈独占禁止法』（有斐閣，2009年）573頁〔泉水文雄〕。
17 独禁法24条。
18 独禁法19条のほか，同法8条5号（事業者団体が事業者に不公正な取引方法に該当する行為をさせるようにすること）に違反する行為も対象に含まれる。
19 公取委「独占禁止法違反行為に対する差止請求制度についてのQ&A」（http://www.jftc.go.jp/dk/seido/minjikyusai/siso07.html），白石忠志『独占禁止法（第3版）』（有斐閣，2016年）726頁。

差止請求が認容されるためには,以下の要件を満たす必要がある。

> ①　差止請求訴訟を提起する者が,不公正な取引方法によりその利益を侵害され,または侵害されるおそれがある者に当たること
> ②　独禁法に定める不公正な取引方法が存在すること
> ③　上記違反行為により著しい損害を生じ,または生ずるおそれがあること
> ④　②と③との間に相当因果関係が認められること

　上記の要件のうち,特に問題となることが多いのは③の要件である。裁判所は,③の要件にいう「著しい損害」の範囲を非常に限定的に解釈する傾向にあり,2001年に差止請求訴訟が導入されて以降,差止請求訴訟は少なくとも57件以上提起されているにもかかわらず[20],公表情報からわかる限りでは,差止請求が認容された例は,本書執筆時点において仮処分で1件[21],本案で1件[22]存在するにすぎない[23]。こうした状況が生じている背景には,前述した私的独占等の第3の特徴への配慮があると考えられる。すなわち,不公正な取引方法に該当するとされる行為の中には日常の事業活動の一環として行われてきたものがあることから,原告の利益と,差止めにより当該行為を強制的に停止させることによって被告に生じる不利益のバランスが慎重に考慮されているように思われる。この点は,第4節②でより詳細に検討する。

　差止請求訴訟は,訴訟手続の面でもさまざまな特徴を有し,以下のとおり特別な手続が定められている点が多い。

　まず,被告が原告の「不正の目的」(不正の利益を得る目的,他人に損害を加える目的その他の不正の目的)を疎明した場合には,裁判所は原告に相当の担保提供を求めることができる[24]。「不正の目的」が認められる場合の例として

20　平成14年度以降の公正取引委員会年次報告による。
21　東京地決平23・3・30ウエストロー2011WLJPCA3306001。
22　大阪高判平26・10・31判タ1409号209頁。
23　ただし,下級審で請求が認容された後に控訴審で破棄されたものが1件存在する。宇都宮地大田原支判平23・11・8審決集58巻第二分冊248頁(控訴審は東京高判平24・4・17審決集59巻第二分冊107頁)。
24　独禁法78条。

は，たとえば，取引相手の事業活動が独禁法違反に当たらないことを認識しながら，取引条件についての交渉を有利に進めるために訴訟を提起するような場合が考えられる[25]。

次に，民事訴訟における文書提出命令[26]に関する特則として，「裁判所は，……当事者の申立てにより，当事者に対し，当該侵害行為について立証するため必要な書類の提出を命ずることができる。」と定められている[27]。差止請求訴訟では，一般的に証拠の偏在が予想され，原告の立証が困難なものとなるおそれがあることから，文書提出命令を拒むことができる場合を「正当な理由があるとき」[28]に限定する趣旨である。

他にも，公取委への通知[29]・求意見制度[30]，営業秘密の保護を目的とする秘密保持命令制度[31]，管轄の拡大（通常の管轄裁判所に加え，当該管轄裁判所の所在地を管轄区域とする高裁および東京地裁にも管轄を認める）[32]等がある。

---

25 村上政博編集代表・内田晴康＝石田英遠＝川合弘造＝渡邉惠理子編集委員『条解独占禁止法』（弘文堂，2014年）785頁〔小林裕敬＝眞鍋佳奈〕。
26 民訴法220条。
27 独禁法80条1項。
28 独禁法80条1項。
29 独禁法79条1項。
30 独禁法79条2項・3項。
31 独禁法81条〜83条。
32 独禁法84条の2第1項。

第4章　私的独占・不公正な取引方法

第2節

行政手続・抗告訴訟

1　公取委による行政手続

(1)　総　　説

　私的独占等は，不当な取引制限と同様，独禁法に違反する行為であり，公取委による排除措置命令等[33]の対象となる。公取委が違反行為をした事業者に対し排除措置命令等を行う場合の手続の流れも，不当な取引制限の場合の手続と基本的に同じである（第2章第2節参照）。すなわち，事業者が私的独占等を行った疑いがある場合，公取委は，行政調査権限に基づき立入検査等の調査を行い，調査の結果十分な証拠があると判断すれば，命令の名宛人となるべき事業者に対する意見聴取手続を行い，最終的に排除措置命令等を行うことになる。排除措置命令等に不服のある事業者は，取消訴訟を提起し（行訴法3条1項），排除措置命令等の違法性を主張することになる。

　ただし，第1節で見たように，私的独占等には，単独の事業者による行為である（私的独占等の第1の特徴）[34]，カルテル・入札談合のようなあからさまな違法行為と異なり，通常の商慣習の延長として行われる行為が問題となりうるという特徴がある（私的独占等の第3の特徴）。こうした特徴を反映して，私的独占等に対する調査手続には，不当な取引制限に対する手続と異なる点がい

---

[33]　不公正な取引方法については，すべての行為が課徴金の対象となるわけではなく，共同の取引拒絶（独禁法20条の2），差別対価（同法20条の3），不当廉売（同法20条の4），再販売価格の拘束（同法20条の5），および優越的地位の濫用（同法20条の6）に該当するものだけが課徴金の対象となる。

[34]　共同の取引拒絶等の例外はあるが，第1節1で見たように，これらは実質的には不当な取引制限と同視すべきものであることから，本章での検討から除外する。

くつか存在する。以下では，私的独占等に対する調査手続に特徴的な点について，将来の抗告訴訟および民事訴訟との関係で留意すべき点にも触れながら解説する。

(2) 課徴金減免制度の不存在

私的独占等については，不当な取引制限と異なり課徴金減免制度が存在しない。課徴金減免制度は，合意の当事者の中から情報提供者が出るかもしれないという複数当事者間の疑心暗鬼を利用して，秘密裡に行われる違法行為について情報提供を得ようとする制度であるところ，単独行為である私的独占等にはこの制度趣旨が妥当しないためである[35]。

課徴金減免制度が存在しない以上，私的独占等の場合，確約手続[36]による以外には課徴金を免れる方法がない。また，現行の非裁量型の課徴金制度を前提とする限り，ひとたび違反行為が認定されれば，課徴金の減額が認められる余地もない。すなわち，確約手続または裁量型課徴金制度が導入・施行されるまでは，私的独占等に関して，調査への事業者の協力の度合いが肯定的に評価される仕組みは存在しない。また，調査の中で事業者が公取委に提出した資料は，公取委が排除措置命令等を行う際に事業者に不利な証拠として用いられるほか，原告の手に渡り将来の民事訴訟で事業者に不利な証拠として用いられることにもなる。したがって，事業者としては，公取委の調査に協力して積極的に資料を提出しても利益にならず，提出する資料は必要最小限に抑えるとの方針で臨むことにならざるを得ない。もちろん，公取委から提出を求められた資料の提出に応じなかったり，虚偽の報告をして調査を妨害したりすれば，そのこと自体が刑罰による別個の制裁の対象となる点には留意しなければならない[37]。

また，課徴金減免制度が存在しないということは，公取委はそれ以外の情報源から得られた情報を調査の端緒としていることを意味する。多くの場合，問題となる行為によって不利益を被ったと考える被害者が，端緒となる情報を公取委に提供していることが多いと考えられる。被害者とは，具体的には，排除

---

35 菅久修一編著『独占禁止法（第2版）』（商事法務，2015年）236頁。
36 前述のとおり，本書執筆時点では施行の見込みは立っていない。
37 独禁法94条。

行為によって市場から排除された競合他社や，再販売価格を指示されて自らの事業活動を不当に拘束された特約店，優越的地位の濫用によって不当な負担を押し付けられた取引先等が挙げられる。正当な事業活動に対する無用な調査や訴訟を避ける観点からは，こうした潜在的な被害者の動向に注意を払う必要がある。たとえば，競合他社や取引先からの苦情は，それらの事業者が将来公取委に接触し端緒情報を提供する可能性を窺わせる1つの兆候であるといえる。

(3) 確約手続の導入予定

第1節③(1)で解説した確約手続は，施行されれば私的独占等に対する調査における事業者の対応に大きな影響を及ぼす。確約手続は，適用対象に法文上の限定はないが，実際には，前述のとおり，カルテル・入札談合等の悪質で違反が明確な行為は確約手続の対象から除外される見込みである[38]。したがって，確約手続は，私的独占等を主な対象として想定した手続と位置付けられる。

確約手続が適用されれば，仮に独禁法違反があったとしても，事業者が公取委との間で合意した事項（排除措置計画）を遵守する限り，排除措置命令も課徴金納付命令も行われない。したがって，事業者としては，公取委の調査に事実誤認等があり徹底的に争うことを望むといった場合を除き，可能な限り確約手続による解決を目指すことになる。

確約手続を適用するかどうかは，事業者が自ら決めることができず，公取委に決定権がある[39]。公取委がいかなる場合に確約手続を選択するかは，現段階でははっきりしない。ただ，現段階でいえることとしては，確約手続は，前述のように，悪質性の高い違反行為に適用することは想定されていないため，事業者としては，調査の対象となっている行為について，反競争的な目的に基づく悪質性の高いものではなく，むしろ通常の商慣習の延長として行われた悪質性の低いものであることを示す資料を積極的に提出していく必要があると考えられる。

38　柿沼・前掲注7・52頁。
39　平成28年改正後の独禁法48条の2第1項。

(4) 内部文書の保護

　私的独占等に対する調査に際して企業が考えるべき点の1つに，企業の内部文書の扱いがある。

　私的独占等に対する調査については，課徴金減免制度がなく，共犯者もいないことから，証拠の収集源が限られている。また，私的独占等の場合，問題となる行為はカルテル・入札談合のようなあからさまな違法行為ばかりではないため，反競争効果の有無が重要な争点となることが多い。こうした状況の下で，事業者の内部文書は，当該事業者が反競争的な目的をもって行為を行っていたこと，ひいては当該行為が反競争効果を有していたことを示す証拠として将来の訴訟で利用されることがある。同様の問題は不当な取引制限の場合にも生じ得るが，証拠の収集源が限られる私的独占等の場合にはより切迫した問題となりやすい。

　一例としてUSEN対キャンシステム事件[40]が挙げられる。この事件は，X社が競合他社C社から従業員や顧客を奪った行為が不法行為に当たるか否かが争われた民事訴訟である。この訴訟で，C社は，X社の行為が独禁法違反（私的独占）に該当することを示す証拠として，X社の複数の内部メモを証拠として提出した。それらの内部メモには，「プロジェクトの目的　……短期間のうちにC社を単月赤字体質まで追い込み決断を迫る。C社から営業250名，技術250名が離脱することで，C社の通常業務（営業・集金・取付工事・メンテナンス等）の続行が困難になる。」「＜今後のシナリオ＞　戦略〔1〕短期的に終わる（完全に戦意を失う状態）　2度と競争が起きない状態〔2〕中期的に戦争状態がつづく場合　……C社に打撃を与え続ける」といった生々しい記載があり，X社の不法行為を認定する証拠として使われた。これらの内部メモは，民事訴訟に先行して行われた公取委によるX社に対する立入検査[41]で留置され，文書提出命令等を通じてC社の手に渡ったと考えられる。この事例が示すように，企業の内部文書は，特に私的独占等に関する訴訟において，独禁法違反を裏付ける生々しい証拠として使われる場合がある。

40　東京地判平20・12・10判タ1288号112頁。
41　勧告審決平16・10・13審決集51巻518頁（有線ブロードネットワークス事件審決）にかかる立入検査。

さらに深刻な問題となるのが、弁護士と依頼者の間の通信に関する内部文書である。日本法には、英米法における Attorney-client Privilege（弁護士依頼者間秘匿特権）やワーク・プロダクト（Attorney Work Product）の法理のような、弁護士と依頼者の間の通信に関する文書を意図せざる開示から保護する制度が存在しない。弁護士が保有する文書を保護する制度はあるが[42]、弁護士以外の者（たとえば依頼者）が保有する文書を明示的に保護する制度はない。このため、公取委による立入検査では、弁護士と依頼者の間の通信に関する文書（たとえば、弁護士による法的助言が書かれた意見書やメール）であっても、公取委から提出を求められれば提出を免れることは困難である。国際カルテル事件では、外国で本来受けられるべきであった秘匿特権による保護が受けられなくなること等を理由として、かかる文書を提出の対象から除くよう審査官と交渉する余地がある（第２章第２節①(1)参照）。ところが、私的独占等の場合、外国で同時に調査の対象になることはまずなく、上記のような交渉を行う余地もない。立入検査の際に、提出を求められた文書は弁護士資格を保有する法務部員等が管理する文書であるとして、弁護士としての守秘義務を主張して企業が抵抗することがあるが、こうした抵抗が奏功したとの公表情報はない[43]。

こうした状況の下では、日頃から弁護士に相談を行っているコンプライアンスに熱心な事業者ほど、いざ私的独占等で調査の対象となった場合に重大な不利益を被ることになりかねない。かかる懸念が現実の危険であることを浮き彫りにしたのが、JASRAC 記録謄写許可処分取消請求事件[44]である。

この事件の事実関係は以下のようなものである。公取委が、X 社に対し私的独占の疑いで立入検査を行い、弁護士作成のメモランダム等を留置した。それらの文書は、X 社を被審人とする審判手続で証拠として用いられた。その後、X 社の行為によって事業活動を困難にされたと主張する競合他社 A 社が、審

---

42 刑事手続における弁護士の押収拒絶権（刑訴法105条・222条）および民事訴訟における文書提出義務からの免除（民訴法220条）等。

43 商事法務研究会「平成24年度総合調査研究「我が国経済構造に関する競争政策の観点からの調査研究（競争法における調査手続に関する調査）」報告書」には、「社内弁護士が弁護士としての秘密保持義務を盾に提出を拒もうとすることがあるが、限界もある。」との企業に対するヒアリング結果が報告されている。

44 東京高判平25・9・12審決集60巻第二分冊167頁（上告棄却・不受理）。

判記録の謄写請求を行い、公取委は、弁護士作成のメモランダム等を含む文書の謄写請求に応じる決定をした。X社が、謄写請求を認めた公取委の決定に対する取消訴訟を提起し、これらの文書は弁護士依頼者間秘匿特権の対象となるべきものであり、公取委が謄写請求を拒否すべき「正当な理由」[45]があると主張した。これに対し、裁判所は、「「弁護士・依頼者秘匿特権」が我が国の現行法の法制度の下で具体的な権利又は利益として保障されていると解すべき理由は見出し難い」と判示し、X社の請求を棄却した。

　本事件は、弁護士と依頼者の間の通信にかかる文書であっても、公取委による立入検査を通じて外部に流出し、行為事業者に不利な証拠として使われる危険があるという実態を浮き彫りにした。しかし、現行の法制度の下では、この問題を根本的に解決する手段はない。将来自らに不利に用いられる可能性のある文書を作成しようとする場合には、そもそも文書を作成せず口頭での報告にとどめることを検討するなど、不当な取引制限の場合以上に慎重な対応が求められる。

(5) 意見聴取手続における対応

　カルテル・入札談合に対する調査と異なり、私的独占等に対する調査では、被害者（多くは、排除行為によって市場から排除された競合他社）が公取委に提供する証拠の果たす役割が大きい。将来の抗告訴訟または民事訴訟に備えるためには、被害者がどのような供述をしているかを正確に把握・分析する必要がある。

　調査の対象となった事業者には、意見聴取手続を通じて、公取委が収集した証拠を閲覧・謄写する機会が与えられる。ただし、証拠の「閲覧」は法定の除外事由がない限りすべての証拠について保障されるが、「謄写」が許される証拠は自らが提出したものに限られる[46]。すなわち、被害者が公取委に提供した供述その他の証拠は、閲覧の対象とはなるが、謄写の対象とはならない。被害者に当たる者が提出した証拠の内容を正確に把握するためには、閲覧の際に可能な範囲内で証拠の要点をメモにする等の意識的な行動が必要となる。

45　訴訟当時の独禁法70条の15第1項。
46　独禁法52条1項。

2 抗告訴訟

公取委による調査の結果，排除措置および課徴金納付を命じられた事業者は，排除措置命令等の取消しを求める取消訴訟を提起することができる。

かつて，公取委は，準司法機能を有する行政委員会として自ら審判手続を行う権能を有し，審判手続での公取委による事実認定は裁判所に対しても一定の拘束力が認められていた（実質的証拠法則）。しかし，平成25年改正法施行後は，公取委の審判制度は廃止され，排除措置命令等に対する取消訴訟の手続は，基本的に他の行政処分と同様に行訴法によって規律されることになった（手続の流れは第２章第２節2を参照）。

以下では，私的独占等の特徴を踏まえ，手続面で留意すべき点および違反行為の要件を争う上で留意すべき点について説明する。

(1) 手続面で留意すべき点

① 執行停止

排除措置命令等の取消しを求める事業者が優先的に検討すべき点の１つが，排除措置命令等の執行停止の申立てである。

平成25年改正後は，排除措置命令等は名宛人に対する送達により直ちに効力を生じる[47]。すなわち，行訴法25条に基づき名宛人たる事業者が執行停止を申し立て，裁判所がこれを認めない限り，事業者は取消訴訟の係属中であっても命じられた排除措置を履行し，課徴金を納付しなければならない。

私的独占等は，あからさまな違法行為であるカルテル・入札談合と異なり，通常の商慣習の延長として行われてきた行為が問題となることも珍しくない（私的独占等の第３の特徴）。中には，何年にも及ぶ訴訟を経て，ようやく独禁法違反の有無が確定することもある。こうしたケースで行為について反競争効果の有無を取消訴訟で争っている場合に，排除措置として命じられた内容（当該行為の取りやめや取引先等への違反行為終了の通知等）を履行せざるを得な

---

47 独禁法61条２項・62条２項。

い事態となれば，ビジネスモデル自体の変更を事実上余儀なくされ，シェアの低下や顧客の喪失等，回復困難な損害をもたらすおそれがある[48]。

執行停止が認められるための要件は，「重大な損害を避けるため緊急の必要がある」こと[49]，「公共の福祉に重大な影響を及ぼすおそれがあるとき」でないこと[50]，および「本案について理由がないとみえるとき」でないこと[51]である。事業者としては，排除措置命令の執行によって発生すると予想される損害が「重大な損害」にあたること，および当該損害を避ける「緊急の必要がある」ことを具体的に主張立証する必要がある。また，「公共の福祉に重大な影響を及ぼすおそれがあるとき」でないこと，および「本案について理由がないとみえるとき」でないことを示すため，独禁法違反とされた行為に反競争効果がないこと（あるいはわずかな効果しかないこと）を，積極的に主張立証するべきである。

なお，課徴金納付命令については，金銭的不利益処分であり，仮に処分が覆ったとしても事後に補償が可能であることから，通常は「重大な損害」に当たらないと考えられている。

② 原告適格

排除措置命令等の名宛人となった事業者が，当該命令の効力を争う取消訴訟の原告適格を有することは疑いがない。

一方で，私的独占等については，当該違反行為を行った事業者以外にもさまざまな利害関係人が存在する。特に，被害者（典型的には，排除行為によって事業活動を制約された競合他社や，優越的地位の濫用によって不当な要求を受けた取引先）は，公取委の判断に密接な利害関係を有することが珍しくなく，自らに不利な判断（すなわち，行為事業者に有利な判断）に対しては不服申立てを行うことができないかどうかを考えることになる。

第三者（特に被害者）が公取委の審決または処分に対し取消訴訟を提起する

---

[48] 村上政博＝栗田誠＝矢吹公敏＝向宣明編『独占禁止法の手続と実務』（中央経済社，2015年）323頁〔栗田誠〕。
[49] 行訴法25条2項。
[50] 行訴法25条4項。
[51] 行訴法25条4項。

原告適格を有するかについては，これを否定的に解する裁判例が続いていた[52]。しかし，その後，行訴法 9 条 2 項が新設され，原告適格に関する判断に当たっては，当該処分にかかる法令の規定の文言だけでなく，当該法令および関連法令の趣旨・目的や害される利益の態様・程度等をも勘案することが定められ，原告適格に関する判断をより柔軟に行うことが確認された。こうした流れを受け，JASRAC 事件[53]で裁判所は，名宛人以外の第三者に公取委の審決に対する取消訴訟を提起する原告適格を認める判断をした。この事件は，公取委が，事業者の行為が排除型私的独占に当たるとして排除措置命令を行ったが，公取委による審判（平成25年改正前の手続による事後審判）で排除措置命令を取り消す審決がなされたため，名宛人の行為によって排除されたと主張する A 社が審決の取消しを求める取消訴訟を提起したという事案である。裁判所は，「排除措置命令を取り消す旨の審決が出されたことにより，著しい業務上の被害を直接的に受けるおそれがあると認められる競業者については，……（筆者注：排除措置命令を取り消すとの）審決の取消しを求める原告適格を有する」と判示した[54]。

　本判決後，平成25年改正により公取委の審判制度は廃止されたため，平成25年改正法施行日（2015年 4 月 1 日）より前に排除措置命令等の事前通知があった場合を除き[55]，JASRAC 事件のように，命令の名宛人事業者による審判請求を認容する審決という形で，行為事業者に有利な（すなわち被害者に不利な）公取委の処分が行われることはない。しかし，平成25年改正後も，第三者には，公取委が処分を行わなかった場合に処分を行うことを求める義務付け訴訟[56]を提起する余地がある。

　義務付け訴訟は，請求が認容されれば行政庁に一定の処分をすべきことを命じるものであり，「一定の処分がされないことにより重大な損害を生ずるおそ

---

[52] たとえば，最判昭35・7・8 審決集10巻91頁，最判昭48・3・1 審決集19巻231頁，最判昭50・11・28民集29巻10号1592頁。

[53] 東京高判平25・11・1 判時2206号37頁。

[54] 同事件はその後最高裁に上告されたが，原告適格に関する上告理由は最高裁による審理の対象とされていない。

[55] 私的独占の禁止及び公正取引の確保に関する法律の一部を改正する法律（平成25年法律第100号）附則 2 条。

[56] 行訴法 3 条 6 項，37条の 2 。

れがあ」ること、および「その損害を避けるため他に適当な方法がない」ことという要件を満たす場合に限り提起できる[57]。また、排除措置命令を行うかどうか、また行う場合にいかなる措置を命じるかについては公取委に裁量が認められているから、処分をしないことが公取委の裁量権の逸脱または濫用となる場合に限り、裁判所は請求を認容できる[58]。このように、義務付け訴訟が認容されるためのハードルは高いが、第三者の原告適格に関する限りでは、取消訴訟に関するJASRAC事件の判示と異なる判断をすべき根拠は行訴法上見当たらず、訴訟の提起自体に障害はないと考えられる[59]。

(2) 私的独占に関する実体要件
① 一定の取引分野

一定の取引分野は、排除型・支配型いずれの私的独占にも共通する要件であることから、公取委が排除措置命令等で画定した一定の取引分野に誤りがあれば、私的独占の成立は否定され得る。したがって、私的独占等に関する抗告訴訟でも、一定の取引分野の範囲を争うことには意味がある。

また、一定の取引分野の画定には、後述する私的独占の行為要件の検討で考慮される要素の範囲を画する機能もある。一定の取引分野の画定によって行為要件に関する考慮要素の範囲が画された事案として、たとえば、NTT東日本事件[60]を挙げることができる。この事件で問題となった商品役務（FTTHサービス）には「芯線直結方式」と「分岐方式」の2つの方式が存在したが、同事件の判決は、「FTTHサービス」を一定の取引分野として画定したものの、実質的には芯線直結方式に問題を絞って検討している。その結果、同事件では、芯線直結方式に関する価格設定の合理性のみが問題とされ、異なる2つの方式の間での接続条件の設定の合理性等については検討の対象から外れた。この事件では、いずれにしても行為事業者に排除型私的独占の成立が認められているが、一定の取引分野の画定が、実質的な主戦場である行為要件の検討における

---

57 行訴法37条の2第1項。
58 行訴法37条の2第5項。
59 島崎伸夫「第三者による働きかけへの対応」ジュリ1467号34頁参照。
60 最判平22・12・17民集64巻8号2067頁。

考慮要素の範囲を画することを示唆する例といえる。

不公正な取引方法については，私的独占や不当な取引制限と異なり，定義の中で「一定の取引分野」という文言が明示されていない。しかし，裁判例では，公正競争阻害性を判断する上で一定の取引分野の画定が必要であることが前提とされている。

たとえば，東洋精米機製作所事件で，公取委は，排他条件付取引の公正競争阻害性を判断するうえで，一定の取引分野を画定して市場シェアを厳密に論ずる必要はない旨を審決で述べていた[61]。しかし，東京高裁は，上記審決を取り消した判決において，排他条件付取引の公正競争阻害性は行為者の市場シェア等から判断されるとして，市場画定を前提とした判断を行っている[62]。また，民事訴訟（差止請求訴訟）に関するものであるが，ウインズ汐留差止請求事件[63]で，東京高裁は，「競争が行われる場である市場を画定しない限り，公正競争阻害性の判断は不可能である」と述べ，不公正な取引方法の成立を主張する原告に，一定の取引分野に関する主張立証責任を負わせている。

また，私的独占等についても，課徴金の対象範囲は基本的には一定の取引分野の範囲と連動する形で定められている[64]。現行の課徴金制度は，課徴金の算出過程で公取委に裁量を認めない非裁量型の制度であるところ，公取委が主張する範囲で一定の取引分野を画定すべき根拠が揺らげば，課徴金の額にも影響が生じる場合が多いと考えられ，排除措置命令等の取消しにつながりやすくなると考えられる。

② 排除型私的独占

(a) 行為要件

排除型私的独占が成立するかどうかが争われるケースでは，ほぼ必ず，「排除」[65]行為の有無が主たる争点となる。

「排除」行為に当たるかどうかは，①「自らの市場支配力の形成，維持ないし

61　審判審決昭56・7・1審決集28巻38頁。
62　東京高判昭59・2・17審決集30巻136頁。
63　東京高判平19・1・31審決集53巻1046頁。
64　独禁法7条の2第2項および4項参照。不公正な取引方法の中には，優越的地位の濫用のように，必ずしも課徴金の対象が一定の取引分野と連動しないものがある。
65　独禁法2条5項。

強化という観点からみて正常な競争手段の範囲を逸脱するような人為性を有するものであり」、②「競業者の……市場への参入を著しく困難にするなどの効果を持つものといえるか否かによって決すべき」とされる[66]。通常、①は「人為性」の要件、②は「排除効果」の要件と呼ばれる。

①の「人為性」の要件の体系的な位置付けについては、確立した判例が存在せず、まだ不明確な点も多いが、「排除効果と密接な関係を持つ要件であり、排除行為の典型とされる行為……については排除効果と人為性とが一体的に判断される場合も少なくない」[67]。むしろ、②の「排除効果」が認められるかという点が、排他的私的独占に関する訴訟の主たる争点となる。

(b) **排除行為を争う際のポイント**

「排除行為」の要件を争ううえでのポイントを知るためには、JASRAC事件の審決と最高裁判決を比較するのが最も有効である。

JASRAC事件は、次のような事案である。X社は、60年以上にわたり、唯一の音楽著作権管理事業者として管理事業を行ってきた事業者であり、放送等利用に係る音楽著作物の大部分の管理を著作権者から受託していた。2001年、音楽著作権管理事業が許可制から登録制に移行したことにより、放送事業者向けの分野でA社が新たに音楽著作権管理事業者として参入した。A社の参入後も、国内の楽曲の大部分はX社が管理を委託されており、放送事業者にとってX社と取引しないことは考えがたい状況にあった。A社が管理する楽曲の中には人気楽曲も含まれていたが、楽曲の数はX社と比べてわずかであった。

X社が放送事業者から徴収する楽曲の利用料金には、包括徴収（X社が管理する全楽曲を定額料金で利用できる）と個別徴収（1楽曲を5分利用するごとに6万4000円かかる）の2つの方式がある。しかし、放送事業者は大量の楽曲を利用する必要があるところ、個別徴収方式を使うと利用料金が高額となることから、ほとんどの場合包括徴収方式が選択されていた。放送事業者にとっては、X社と包括徴収方式で契約しておけばX社の全楽曲を利用することができ、

---

[66] 最判平22・12・17民集64巻8号2067頁。
[67] 清水知恵子「音楽著作権の管理事業者が放送への利用の許諾につき使用料の徴収方法を定めるなどの行為が、独禁法2条5項にいう『排除』の要件である他の事業者の参入を著しく困難にする効果を有するとされた事例」ジュリ1483号87頁。

これに加えてA社が管理する楽曲を利用するとA社に対しても利用料金を支払う必要が生じる仕組みとなっていた（X社の料金体系は，放送事業者が使う全楽曲に占めるX社楽曲の割合に応じて料金を調整するような仕組みとはなっていない）。A社の楽曲は放送事業者からほとんど利用されなかった。

公取委は，X社の包括徴収方式による料金設定が排除型私的独占に当たるとして，排除措置命令を行った。X社が審判を請求したところ，公取委は，A社が具体的に排除されたとは認められないとして，排除措置命令を取り消す審決をした[68]。

A社が審決取消訴訟を提起。東京高裁は，X社の行為は排除行為に当たるとして，審決を取り消した。X社が上告したが，最高裁もX社の行為は排除行為に当たるとの判断を示した[69]。

上記のように，この事件では審決と最高裁判決で結論が分かれたが，審決も最高裁判決も，ある行為が排除行為に当たるかどうかは，「競業者の……市場への参入を著しく困難にするなどの効果を持つものといえるか否かによって決すべき」というNTT東日本事件の最高裁判決と基本的に同じ基準を用いている。また，審決も最高裁判決も，X社の行為の客観的な側面について大きく異なる事実認定をしたわけではない。それにもかかわらず審決と最高裁判決で結論が分かれたのは，排除行為が持つ「排除効果」とは何かという点について理解が分かれ，その結果，重視された考慮要素が異なることになったためである。

審決は，「本件行為が実際にA社の管理事業を困難にし，A社の参入を具体的に排除した」かどうかが問題であると捉え，X社の行為が具体的にA社の事業活動を排除するようなものであったかという観点から検討を行った。その結果，X社の行為（料金体系の設定）の有無にかかわらず，A社のサービス（提供する楽曲）は「遜色のない形で放送事業者に利用され」ており，放送事業者がA社のサービスの利用を差し控えていたこともない等の点が考慮され，「本件行為が……他の管理事業者の事業活動を排除する効果を有するとまで断ずることは，なお困難である」と判断した。

一方，最高裁判決は，排除行為に当たるかどうかは，「市場の状況，……事

---

[68] 審判審決平24・6・12審決集59巻第一分冊59頁。
[69] 最判平27・4・28民集69巻3号518頁。

業者の上記市場における地位及び競争条件の差異，放送利用における音楽著作物の特性，本件行為の態様や継続期間等の諸要素を総合的に考慮して判断されるべき」と述べたうえで，本件事情の下では，「放送事業者としては，当該放送番組に適する複数の楽曲の中にX社の管理楽曲が含まれていれば，経済合理性の観点から……放送使用料の追加負担が生じないX社の管理楽曲を選択することとなるものということができ，これにより放送事業者による他の管理事業者の管理楽曲の利用は抑制されるものということができ……その抑制の範囲がほとんど全ての放送事業者に及び，その継続期間も相当の長期間にわたるものである」といった点を考慮した。

　審決と最高裁判決を比べるとわかるように，最高裁判決は，審決と異なり，X社の行為がA社の活動に対し具体的に目に見えるような不当な圧力を加えていたかは問題としておらず，X社の行為が市場でもたらした経済的な効果・影響をもっぱら問題としている。このことからわかるように，排除行為の成立を争う事業者は，競合他社に対し目に見えるような形での不当な圧力が生じていなかったことを主張立証しても，排除行為の成立を免れることはできない。もちろん，目に見えるような形での不当な圧力が生じていなかったことは，市場において不当な経済的な影響が生じていなかったことを推認させる事情の一つとはなり得る。ただし，具体的な圧力を加えずとも，市場において経済的な意味で不当な影響が生じることはあり得る。たとえば，行為事業者の行為によって非常に高い参入障壁が市場に築かれ，誰も当該市場への参入を試みようとはしないといった事案を想定すればわかるように，経済的な意味での不当な影響は生じているが，目に見えるような形での不当な圧力（実際に参入してきた事業者の活動に対する妨害等）は生じていない場合はあり得る。排除効果の有無を争う事業者は，排除行為を争ううえでの最終的な立証の目標は，あくまでも市場における経済的な意味での影響の有無であり，個別具体的な妨害行為の有無ではないという点を意識する必要がある。

③　支配型私的独占

　支配型の私的独占が問題となった事例は，排除型の私的独占が問題となった事例と比べて件数が少ない。また，支配型私的独占の成立が認められたケースでも，同一の行為が同時に排除型私的独占に当たるとして，支配型・排除型の

両方が成立するとされたものが多く，純粋に支配型私的独占だけの成否が訴訟で争われた事案となると，野田醤油事件[70]くらいしかない。支配行為の意義について最高裁が判断を示したこともない。

支配行為とは，他の事業者の事業活動に関する意思決定を拘束し，自己の意思に従わせる行為であると解されている[71]。当該行為がいかなる方法で行われるかは問題とならない[72]。したがって，支配型私的独占の成立を争う際に，自らの行為が一定の行為類型（たとえば先例で違反が認められた行為類型）に該当しないことを主張しても基本的に無意味である。

限られた数ではあるが，支配型私的独占の成立が認められた事例[73]を見ると，若干の例外[74]を除き，いずれも，①市場に何らかの特殊な構造があり，②当該構造を利用した行為によって反競争効果が生じており，③当該行為を正当化すべき事情がない，という事案であるといえる。「排除」か「支配」か，という媒介行為の形態の違いはあるが，意識すべきポイントは排除型私的独占の場合に近いといえる。

> **コラム　私的独占に関する先例**
>
> 独禁法は施行から 70 年近くになるが，その間に公取委が私的独占として排除措置命令を行った事件は 16 事件しかない。このうち，公取委の判断が裁判所で争われ判決まで至った事件はわずかに 3 事件，さらにこのうち最高裁の判断が示された事件は 2 事件しかない。
>
> この理由についてはさまざまな説明が可能であるが，1 つの説明として，不公正な取引方法との規制の重複を挙げることができる。すでに見たように（**本章第1節**①），私的独占（特に排除型私的独占）と不公正な取引方法は，規制対象が広範囲にわたり重複している。加えて，両者を比較すると，不公正な取引方法の

70　東京高判昭32・12・25高民集10巻12号743頁。
71　白石忠志＝多田敏明編著『論点体系　独占禁止法』（第一法規，2014年）29頁〔伊藤憲二〕。
72　東京高判昭32・12・25高民集10巻12号743頁。
73　排除型私的独占の成立が同時に認められた事例も含む。
74　東洋製罐事件・勧告審決昭47・9・18審決集19巻87頁。この事件は，他社株式の保有を通じて当該他社の事業活動に干渉していたことが支配行為に当たるとされた事例である。通常はかかる直接的な方法による支配が起こることは考えにくいうえ，仮に起きたとしても独禁法10条1項で対処するのがより適切とも考えられ，支配型私的独占の成立を争う際の指針とすることは適当ではないと思われる。

ほうが違反認定の要件が緩い。私的独占は，当該行為により市場の競争が実質的に制限されたことを要求するのに対し，不公正な取引方法は，公正な競争が阻害される「おそれ」（公正競争阻害性）があれば足りる。また，独禁法施行後平成20年代まで，私的独占と不公正な取引方法は，いずれも課徴金の対象とはならず，排除措置命令の対象となるだけであった。私的独占は一応刑事罰の対象とされているが，不当な取引制限でさえ実際に刑事罰を科すまでには長い道のりを要したのであり，私的独占に関する刑事罰規定は長きにわたり実質的に死文化していた。要件が緩く，制裁の内容にも実質的な差異がなければ，要件の緩いほうが使われるのは当然であろう。

こうした背景から，公取委が私的独占を立件することはほとんどなく，たまに立件されても課徴金が課されないので，事業者も真剣に争うことがほとんどなかった。その結果，私的独占については参考となる先例が乏しく，今日でも未解決・未開拓の問題点が多く残されている。言い換えれば，私的独占に関する訴訟では，かつて不当な取引制限に関する訴訟もそうであったように，事業者の訴訟戦略上の創意工夫によって新たな先例を築いていく余地が残されているともいえる。

(3) 不公正な取引方法に関する実体要件

不公正な取引方法に該当する行為の多くは，第1節①で見たように，排除型私的独占と同じように他の事業者を排除する行為を問題とするものである。すなわち，これらの不公正な取引方法と排除型私的独占の違いは，その行為がもたらす反競争効果の程度の違い（排除型私的独占の場合は，一定の取引分野における競争を実質的に制限するに足りる反競争効果が必要であるが，不公正な取引方法の場合は，それが公正な競争を阻害するおそれ（公正競争阻害性）で足りる）に過ぎない場合が多い。したがって，不公正な取引方法に該当する行為のうち，他の事業者を排除する行為を問題とするものについては，基本的には排除型私的独占と同じような点を意識して対応することになる。

以下では，不公正な取引方法のうち，他の事業者を排除する行為を問題とするもの以外，より具体的には優越的地位の濫用と再販売価格の拘束について，その実体要件を詳しく解説する。

① 優越的地位の濫用

　優越的地位の濫用は，平成21年改正によって法定の違法類型とされ，不公正な取引方法の中で唯一，一度の違反行為に対しても課徴金が課される類型である。そのため，不公正な取引方法の中でも執行が活発な類型であり，排除措置命令等が審決・訴訟で争われることも多い。実際に，平成21年改正以後，優越的地位の濫用に該当するとして5件の排除措置命令等が行われたが，いずれの事案も審判で争われている[75]。

　優越的地位の濫用の要件は，以下のとおりである。

> ①　優越的地位の存在
> ②　正常な商慣習に照らして不当に
> ③　濫用行為

　以下，各要件について解説する。

　(a)　**優越的地位の存在**

　優越的地位の濫用に当たるためには，その前提として，取引の一方当事者（甲）が他方の当事者（乙）に対し，取引上の地位が優越しているといえることが必要である。ここで，取引上の地位が優越しているというためには，市場支配的な地位またはそれに準ずる絶対的に優越した地位である必要はなく，取引の相手方との関係で相対的に優越した地位であれば足りるとされている[76]。そして，この判断に当たっては，乙の甲に対する取引依存度，甲の市場における地位，乙にとっての取引先変更の可能性，その他甲と取引することの必要性を示す具体的事実が総合的に考慮される[77]。

---

[75] 若林亜理砂「優越的地位の濫用規制をめぐる近年の動向について」公正取引793号2頁。なお，当該5件は，山陽マルナカ事件（排除措置命令平23・6・22審決集58巻第一分冊193頁），トイザらス事件（排除措置命令平23・12・13審決集58巻第一分冊244頁。なお，後述のとおり本事件は審判請求がなされ，平成27年6月に審決が下されている），エディオン事件（排除措置命令平24・2・16審決集58巻第一分冊278頁），ラルズ事件（排除措置命令平25・7・3審決集60巻第一分冊341頁）およびダイレックス事件（排除措置命令平26・6・5審決集61巻103頁）である。

[76] 優越的地位濫用ガイドライン第2.1。

[77] 優越的地位濫用ガイドライン第2.1。

しかし，近時公取委は，トイザらス事件審決[78]で，ガイドラインに記載されていない判断の枠組みを示した。

本審決は，優越的地位の判断基準について，「取引の相手方に対し正常な商慣習に照らして不当に不利益を与える行為（以下「濫用行為」ということもある）は，通常の企業行動からすれば当該取引の相手方が受け入れる合理性のないような行為であるから，甲が濫用行為を行い，乙がこれを受け入れている事実が認められる場合，これは，乙が当該濫用行為を受け入れることについて特段の事情がない限り，乙にとって甲との取引が必要かつ重要であることを推認させるとともに，「甲が乙にとって著しく不利益な要請等を行っても，乙がこれを受け入れざるを得ないような場合」にあったことの現実化として評価できるものというべきであり，このことは，乙にとって甲との取引の継続が困難になることが事業経営上大きな支障を来すことに結び付く重要な要素になるものというべきである。……したがって，甲が乙に対して優越した地位にあるといえるか否かについては，甲による行為が濫用行為に該当するか否か，濫用行為の内容，乙がこれを受け入れたことについての特段の事情の有無を検討し，さらに，［１］乙の甲に対する取引依存度，［２］甲の市場における地位，［３］乙にとっての取引先変更の可能性，［４］その他甲と取引することの必要性，重要性を示す具体的事実を総合的に考慮して判断するのが相当である」とした。

そして，具体的な事件における適用においては，濫用行為の存在および上記の特段の事情の不存在を認定したうえで，取引依存度が１％を切り，取引高の順位が10位を下回るような事業者に対してすら，年間売上高の絶対額から甲を主な取引先としている状況にあったと認定している。また，取引先変更の可能性については，乙の供述において，甲に代わる取引先を見つけることは困難であると認識していたことが認められると認定し，優越的地位の存在を認定した。

本審決の考え方を敷衍すると，濫用行為が認められ，かつ当該行為について合理的に説明できる特段の事情が認められない場合には，ガイドラインに記載されている考慮要素については特段重視されることなく優越的地位が認定されるおそれがある。本審決のこのような考え方は今後，優越的地位の認定に当

---

78 審判審決平27・6・4審決集未登載。

たって参照されるものと考えられるところ，被審人たる甲としては，上記考慮要素に関する主張はもちろん，それ以上に，自身の行為が濫用行為に該当しないこと，具体的には次の【図表8】に記載した「濫用に当たらない場合」に該当することの主張に力点を置く必要がある。

　(b)　**正常な慣習に照らして不当に**

　本要件は，優越的地位の濫用の有無が，公正な競争秩序の維持・促進の観点から個別の事案ごとに判断されることを示すものであり，被害者が受ける不利益の程度や行為の広がり等を考慮して判断される[79]。ここで，「正常な商慣習」とは，公正な競争秩序の維持・促進の立場から是認されるものをいい，現に存在する商慣習に合致しているからといって，直ちにその行為が正当化されることにはならない[80]。換言すれば，この「正常な商慣習」とは「あるべき商慣習」であり，現に存在する商慣習に合致していたとしても，その「あるべき商慣習」に反していれば，本要件は満たすことになると考えられる。したがって，現に存在する商慣習に合致することは，必ずしも本要件の該当性を否定する主張としては意味を持たない場合が多いことに留意が必要である。

　(c)　**濫　　用**

　本要件に定められた濫用行為は，独禁法2条9項5号に列挙されている。それぞれの行為類型，各類型に該当する行為の具体的内容および各類型において濫用に当たらないとされている場合を整理すると，【図表8】のとおりである。

79　優越的地位濫用ガイドライン第1.1。
80　優越的地位濫用ガイドライン第3。

【図表8】 濫用行為の類型，具体的内容および例外　　＊　イ〜ハは独禁法2条9項5号

＊	行為類型	行為の内容	濫用にあたらない場合
イ	(i) 購入・利用強制	継続取引の相手方に対して，当該取引に係る商品または役務以外の商品または役務を購入させる場合 ※「購入させる」には，その購入を取引の条件とする場合や，その購入をしないことに対して不利益を与える場合のほか，事実上，購入を余儀なくさせていると認められる場合を含む[81]	取引の相手方に対し，特定の仕様を指示して商品の製造または役務の提供を発注する際に，当該商品もしくは役務の内容を均質にするためまたはその改善を図るため必要があるなど合理的な必要性から，当該商品の製造に必要な原材料や当該役務の提供に必要な設備を購入させる場合等[82]
ロ	(ii) 協賛金の収受等	①協賛金等の負担額，算出根拠，使途等が不明確で，相手方にあらかじめ計算できない不利益を与えることとなる場合 ②協賛金等の負担の条件があらかじめ明確であっても，取引の相手方が得る直接の利益等を勘案して合理的と認められる範囲を超えた負担となり，相手方に不利益を与えることとなる場合	左記②の「直接の利益」とは，たとえば，協賛金等が相手方の納入商品の広告費に該当し，その負担が納入商品の販売促進に資する等，納入業者に実際に生じる直接的な利益を指し，その負担により将来の取引が有利になる等の間接的利益を含まない[83]
	(iii) 取引先の従業員等の不当使用	①従業員等を派遣する条件等が不明確で，相手方にあらかじめ計算できない不利益を与える場合 ②従業員等を派遣する条件等があらかじめ明確であっても，その派遣等を通じて相手方が得る直接の利益等を	・左記②の「直接の利益」とは，たとえば，メーカーや卸売業者の従業員等を小売業者に派遣して消費者に販売させることが，納入商品の売上げ増加につながる場合など実際に生じる直接的な利益を指し，将来の取引

81　優越的地位濫用ガイドライン第4.1。
82　優越的地位濫用ガイドライン第4.1(2)。
83　優越的地位濫用ガイドライン第4.1(1)ア（注9）。

*	行為類型		行為の内容	濫用にあたらない場合
			勘案して合理的と認められる範囲を超えた負担となり，相手方に不利益を与えることとなる場合	が有利になる等の間接的利益を含まない[84]。 ・従業員等の派遣についてあらかじめ取引の相手方と合意し，派遣のために通常必要な費用を自己が負担する場合[85]
ハ	(iv)	受領拒否	①売行き不振，改装・棚替えに伴い商品が不要になったことを理由とするもの等 ②一方的に短縮した納期の不順守を理由とするもの等	①相手方の帰責事由がある場合 ②商品購入に際し相手方と合意した条件に従っている場合 ③あらかじめ相手方の同意を得て，受領拒否により通常生ずべき損失を負担する場合[86]
	(v)	不当な返品	取引の相手方に対して当該相手方から受領した商品を返品する場合で，返品の条件が不明確で，取引の相手方にあらかじめ計算できない不利益を与える行為等，その他正当な理由なく受領した商品を返品する行為 具体例： ①期末の在庫調整のための返品 ②自己の独自の判断に基づく店舗・売場改装や棚替えを理由とする返品	①相手方の帰責事由により，当該商品受領後相当の期間内に，相当と認められる数量の範囲内で返品する場合 ②商品購入に際し相手方と合意した一定の条件に従っている場合 ③あらかじめ相手方の同意を得て，返品により通常生ずべき損失を負担する場合 ④当該取引の相手方が商品の返品を受けたい旨申し出て，当該商品を処分することが直接の利益となる場合

84　優越的地位濫用ガイドライン第4.2(2)ア（注12）。
85　優越的地位濫用ガイドライン第4.2(2)イ。
86　優越的地位濫用ガイドライン第4.3(1)ア・イ。

		③セール終了後に売れ残ったことを理由とする返品 ④単に購入客から返品されたことを理由とする返品等[87]	等[88]
(vi)	支払遅延	正当な理由がないのに約定の支払期日に対価を支払わない行為 具体例： ①社内支払手続の遅延，製品の設計・使用の変更等を理由とした一方的な都合による支払遅延 ②支払期到来の条件となる事項（商品の検収等）を一方的ないし恣意的に遅らせることによる支払遅延等[89]	あらかじめ相手方の同意を得て，かつ，支払遅延により通常生ずべき損失を自己が負担する場合[90]
(vii)	不当な値引き	商品または役務を購入した後に，正当な理由がないのに，契約で定めた対価を減額する行為 具体例： ①業績悪化，予算不足等の一方的な都合による減額 ②顧客への値引き販売に伴う利益減少分相当額や利益率確保・コスト削減に必要な額を取引の相手方に負担させること ③消費税相当額を支払わないことで約定対価を減額すること等[91]	①相手方の帰責事由により，納入日または提供日から相当の期間内に，相当と認められる金額の範囲内で対価を減額する場合 ②対価減額のための要請が対価に関する交渉の一環として行われ，その額が需給関係を反映したものと認められる場合[92]

---

87 優越的地位濫用ガイドライン第４．３(2)想定例。
88 優越的地位濫用ガイドライン第４．３(2)ア・イ。
89 優越的地位濫用ガイドライン第４．３(3)想定例。
90 優越的地位濫用ガイドライン第４．３(3)イ。
91 優越的地位濫用ガイドライン第４．３(4)想定例。
92 優越的地位濫用ガイドライン第４．３(4)ア・イ。

＊	行為類型	行為の内容	濫用にあたらない場合
(ⅷ)	取引対価の一方的決定	取引の相手方に，著しく低額または高額の対価での取引を要請する行為 判断基準： 対価の決定方法，他の取引の相手方の対価と比べて差別的か，相手方の仕入価格を下回るか，通常の購入価格・販売価格との乖離の状況，取引対象である商品または役務の需給関係等を勘案して総合的に判断[93]	①低い対価または高い対価での取引の要請が，対価に関する交渉の一環として行われ，その額が需給関係を反映したものである場合 ②ある品目をセール等の目的で大量に仕入れるために通常よりも低い購入価格とするなど取引条件の違いを正当に反映したものである場合等[94]
(ⅸ)	やり直しの要請	正当な理由がないのに，取引の相手方から商品または役務提供を受領した後にやり直しを要請する行為	①商品・役務の内容が発注時に定めた条件に満たない場合 ②あらかじめ相手方の同意を得て，やり直しによって相手方に通常生ずべき損失を自己が負担する場合等[95]
(ⅹ)	その他	上記類型のほか，「その他取引の相手方に不利益となるように取引の条件を設定し，若しくは変更し，又は取引を実施すること」が含まれる[96]	

93　優越的地位濫用ガイドライン第４．３(5)ア(ア)。
94　優越的地位濫用ガイドライン第４．３(5)ア(イ)。
95　優越的地位濫用ガイドライン第４−３(5)イ(ア)(イ)。
96　優越的地位濫用ガイドライン第４−３(5)ウに例示されているほか，実際に，最判昭52・6・20民集31巻４号449頁（岐阜商工信用組合事件）および排除措置命令平21・6・22審決集56巻第二分冊６頁（セブン-イレブン・ジャパン事件）等，「取引の相手方に不利益となる取引条件を設定・実施し」たことが問題となった事例が存在する。

上記のとおり，濫用行為にはさまざまな類型が規定されており，(iv)および(vi)を除き，各類型について多くの裁判例および審決例が存在する[97]。

上記の濫用行為を未然に防止するためには，取引の対象となる商品・役務の具体的な内容や品質に係る評価の基準，納期，代金の額，支払期日，支払方法等について，取引当事者間であらかじめ明確にし，書面で確認するなどの対応が望ましいとされている[98]。また，仮に事実行為としては取引の相手方による合意や同意があったとされる場合でも，「優越的地位」のある行為者に対して，果たしてその合意や同意自体が自由な判断の下に行われたかが問題とされることも多い。そのため，訴訟で濫用行為の存在を争う場合には，合意内容や同意の対象自体の経済合理性，実際に十分な協議が行われたこと，およびその内容の主張立証を行うことが必要になると思われる[99]。被疑事業者が上記の「濫用に当たらない場合」に該当することを説得的に主張立証していくためには，交渉自体に十分な時間をかけること，交渉の経過・内容をしっかり記録すること等，訴訟に至る前から十分な対応をしておくことが重要である。今後，前述のトイザらス審決を前提とすれば，濫用行為が認定されると，原則として優越的地位の存在まで認定されるおそれがあるため，濫用行為に関する主張立証を一層充実させることが必要になる。

---

[97] (i)の例として三越事件（同意審決昭57・6・17審決集29巻31頁），勧告審決平17・12・26審決集52巻436頁等，(ii)の例としてローソン事件（勧告審決平10・7・30審決集45巻136頁）等，(iii)の例としてドン・キホーテ事件（同意審決平19・6・22審決集54巻182頁）等がある。

[98] 優越的地位濫用ガイドライン第4。

[99] 村上政博編集代表・内田晴康＝石田英遠＝川合弘造＝渡邉惠理子編集委員『条解独占禁止法』（弘文堂，2014年）164頁〔渡邉惠理子＝柳澤宏輝〕。

> **コラム** 優越的地位の濫用事件の処理件数の
> 減少と今後望まれる法執行

優越的地位の濫用に対する件数の推移を見ると，注意の件数については大きな変化が見られないのに対して，近時法的措置の件数が減少傾向にある。

【図表3】 優越的地位の濫用事件の処理件数の推移

年度	H21	H22	H23	H24	H25	H26	H27	H28
法的措置件数	2	1	3	0	1	1	0	0[100]
注意件数	16[101]	55	52	57	58	49	51	-

出所：公取委年次報告

　これは，2009年11月に優越的地位濫用事件タスクフォースが組織され，法的措置には至らない「注意」が活用されるようになったことも一因であるが，重要な要因として，平成21年改正によって優越的地位の濫用に対する課徴金が導入された結果，優越的地位の濫用事件が審判で争われることになった（そして実際に，審判制度が廃止されるまでに課徴金納付命令が発せられたすべての優越的地位の濫用事件において審判請求がなされている）こと，そして平成25年改正によって審判制度が廃止されてただちに抗告訴訟が提起される仕組みに変わったこと等により，公取委が以前にも増して慎重な立証を目指すようになった結果とも考えられる。この傾向は確約手続が導入されるとさらに加速されることも懸念される。もっとも，こうした謙抑的な法執行は，裁判所をも巻き込んだより精緻な判断基準の生成およびそれに基づく予測可能性のある法執行を妨げることにもなる。
　この点に関連して，むしろ確約制度の適切な運用や，将来の導入が検討されている裁量型課徴金制度が，こうした過小執行の問題に対する打開策となり得るとの指摘もある[102]。こうした中で，今後，新しい制度を活用しながら，慎重でありつつも積極的な法執行が望まれているといえよう。

② 再販売価格の拘束

我が国の規制は，再販売価格の拘束は原則違法としつつも，「正当な理由」

100　平成28年11月現在。
101　平成21年11月から平成22年3月までの集計。
102　植村幸也「裁量型課徴金制度と確約制度に関する独禁法改正について」法時1107号12頁。

がある場合には例外的に違法とはならないという立場を採用してきた。もっとも，これまで我が国において再販売価格拘束につき正当な理由があると判断された事例はない。

再販売価格の拘束は，平成21年改正前は旧一般指定12項により違反行為とされていたところ，優越的地位の濫用と同様，平成21年改正により同一文言のまま法定の不公正な取引方法となった（独禁法2条9項4号）。一度同条に違反した者が当該違反行為から10年以内に再度同種の違反行為を行った場合に，初めて課徴金が課される。

再販売価格の拘束の成立要件は以下のとおりである。

① 価格拘束行為
② 正当な理由がないこと（公正競争阻害性の存在および正当化事由の不存在）

以下，各要件について解説する。

(a) **価格拘束行為**

価格拘束行為は，文字どおり，取引相手方がメーカーから購入した商品を販売する際の価格を，メーカーが拘束する行為を指す。そして，必ずしもその取引条件に従うことが契約上の義務として定められている必要はなく，メーカーの何らかの人為的手段によって，流通業者がメーカーの示した価格で販売することについての実効性が確保されていれば足りる[103]。そして実効性が確保されている場合としては，(i)文書によるか口頭によるかを問わず，メーカーと流通業者との間の合意によって，メーカーの示した価格で販売するようにさせている場合，(ii)メーカーの示した価格で販売しない場合に経済上の不利益を課し，または課すことを示唆する等，何らかの人為的手段を用いることによって，当該価格で販売するようにさせている場合等が考えられる[104]。

審決例には，サンプルの提供や販売促進の支援を行うこと等の利益提供を申し出て，その代わりにメーカー希望小売価格からの割引販売を行わないよう要

---

103 第一次育児用粉ミルク（和光堂）事件（最判昭50・7・10民集29巻6号888頁）。
104 流通・取引慣行ガイドライン第2部第1．1．

請したことが価格拘束行為に該当するとされた事例[105]，メーカー希望小売価格で販売を行う小売店に対してのみ，特に人気の高い商品を販売する等の手段により優遇していたことが価格拘束行為に該当するとされた事例[106]等があり，あらゆる手段が実効性確保手段として認定されている。

(b) 正当な理由がないこと（公正競争阻害性の存在および正当化事由の不存在）

再販売価格の拘束は，流通業者間の価格競争を減少・消滅させることになるため，通常，競争阻害効果が大きく，原則として公正競争阻害性があると解されている[107]。もっとも，価格拘束行為に「正当な理由」がある場合には，例外的に再販売価格拘束は成立しない。ここにいう「正当な理由」としては，再販売価格の拘束によっていわゆる「フリーライダー問題[108]」の解消を通じてブランド間競争が促進され，当該商品の需要増や消費者の利益の増進につながり，かつ，当該競争促進効果が，再販売価格の拘束以外のより競争阻害的でない他の方法によっては生じ得ないものである場合等が指摘されている[109]。もっとも，これまで再販売価格の拘束が問題となった事案において，「正当な理由」が認められた事例は存在しないため，具体的にどのような形で主張立証活動を行えば「正当な理由」が認められるのかについては明らかでない部分が大きい。したがって，「正当な理由」があると主張して争うことには，実務上高いハードルがあることに留意する必要がある。

---

105 資生堂再販事件（同意審決平7・11・30審決集42巻97頁）。
106 ナイキジャパン事件（勧告審決平10・7・28審決集45巻130頁）。
107 流通・取引慣行ガイドライン第2部第1.1(1)。
108 たとえば，流通業者は，他の流通業者がメーカーの商品について販売前に実施する販売促進活動によって需要が喚起されている場合，自ら販売促進活動を行うことなく当該商品を販売することができる。このような場合に，いずれの流通業者も，自ら費用をかけて積極的な販売促進活動を行わなくなり，本来であれば当該商品を購入したであろう消費者が購入しない状況に至る。こうした問題を「フリーライダー問題」という。
109 流通・取引慣行ガイドライン第2部第1.2(2)。

第3節

損害賠償請求訴訟

1 概　　要

　不当な取引制限と同様，独禁法違反行為によって損害を被った者は，行為者に対し損害賠償を求める民事訴訟を提起することができる。不当な取引制限に関する損害賠償請求訴訟では，原告となる者は，違反行為によって価格の吊り上げられた商品を購入した購買者に事実上限られるが，私的独占等ではより幅広いさまざまな立場の者が原告となりうる。

　私的独占についていえば，排除行為によって事業活動を困難にされた事業者が原告となり得る。かかる事例として，USEN対キャンシステム事件[110]（従業員を一斉に引き抜かれる等の行為により事業活動を困難にされた事業者が損害賠償を請求した事案）や，ニプロ損害賠償請求事件[111]（商品の供給停止等の行為により事業活動を困難にされた事業者が損害賠償を請求した事案）がある。判決に至らなかったものも含めれば，函館新聞社対北海道新聞社事件（新聞名の商標権を押さえる等の行為により参入を困難にされた事業者が損害賠償を請求した事案）や，日本AMD対インテル事件（累進リベート等により事業活動を困難にされた事業者が損害賠償を請求した事案）がある（いずれも和解により終了）。

　不公正な取引方法については，さらに多様である。排除行為によって影響を受けた競合他社が原告となった事例として，デジコン電子対日本遊戯銃協同組合事件[112]（共同の取引拒絶の被害者が事業者団体およびその役員らに対し損害

110　東京地判平20・12・10判タ1288号112頁。
111　東京高判平24・12・21審決集59巻第二分冊256頁。
112　東京地判平9・4・9判時1629号70頁。

賠償を請求した事案）や，東芝エレベーター事件[113]（部品の供給を拒絶された独立系保守事業者がメーカーに対し損害賠償を請求した事案）がある。なお，後者の東芝エレベーター事件では，排除行為の直接の被害者（独立系保守事業者）に加えて，直接の被害者と取引関係にあった者（独立系保守事業者に保守を依頼していたエレベーター設置者）も原告となり，請求が一部認容されている。この他に，近年件数が増えている訴訟類型として，優越的地位の濫用について被害者的立場にある事業者が原告となって損害賠償を請求する事例がある。三井住友銀行事件[114]のほか，フランチャイジーを原告とするセブン－イレブン・ジャパンに関する一連の訴訟[115]がある。再販売価格の拘束では，当該商品を購入した消費者がメーカーに対し損害賠償を請求した松下電器産業事件[116]がある。

　以上の事例を通覧すると，私的独占等に関する損害賠償請求訴訟には，不当な取引制限に関する損害賠償請求訴訟と比較した場合に，いくつかの特徴があることがわかる。

　第1に，前述したように，原告となる者の範囲が広い。不当な取引制限に関する損害賠償請求訴訟では，原告となる者は，違反行為によって価格の吊り上げられた商品を購入した購買者に事実上限られるが，私的独占等ではより幅広くさまざまな立場の者が原告となり得る。

　第2に，私的独占等については公取委が処分を行った事件の数が少なく，単純な比較はできないものの，私的独占等のほうが不当な取引制限よりも損害賠償請求訴訟を提起される頻度が高いように見受けられる。この背景として，不当な取引制限では，違反事業者と原告（直接購買者）はビジネス上の継続的な取引関係にあり，より柔軟な訴訟外での交渉・和解を志向する傾向が強いという点が挙げられる（第3章第2節①参照）。一方，私的独占等では，原告は，違反事業者と競合する立場にある事業者（被排除者）や，違反事業者から直接不当な要求を受けてきた被害者（優越的地位の濫用の被害者）であり，取引関係

113　大阪高判平5・7・30判時1479号21頁。
114　東京高判平19・11・16審決集54巻725頁。
115　東京高判平25・8・30判時2209号10頁等。
116　東京高判昭52・9・19高民集30巻3号247頁。

の継続を望む直接購買者と比べて，違反事業者に対し積極的な行動を採ることを躊躇する理由が乏しいものと考えられる。もっとも，私的独占等に関する事案であっても，訴訟に要する費用・時間等を考慮し，最終的には訴訟外の和解で決着する事例もある。先述した函館新聞社対北海道新聞社事件や日本AMD対インテル事件が例として挙げられる。

　第3に，独禁法25条に基づく訴訟が提起される頻度が高いように見受けられる。先述した事例の中では，ニプロ損害賠償請求事件，函館新聞社対北海道新聞社事件，三井住友銀行事件，セブン－イレブン・ジャパン事件[117]が挙げられる。この理由として，あからさまな違法行為であるカルテル・入札談合の場合には行為者に故意または過失が当然認められる事案が多いと思われるのに対し，私的独占等については故意または過失が行為者にあることが明瞭な事案ばかりではなく，行為者の故意過失が不要となるという独禁法25条訴訟の利点をより享受しやすいとの要因が考えられる[118]。

2 違法行為

　独禁法25条と民法709条のいずれによる場合も，原告は，被告の違法行為を主張立証する必要がある。

　独禁法25条による場合は，原告は，同条が定める独禁法違反行為（不当な取引制限，私的独占，不公正な取引方法に該当する行為[119]）を違法行為として主張立証する必要がある。一方，民法709条による場合は，原告は，独禁法に規定された行為だけでなく，それ以外の不当な行為も併せて違法行為として主張することができる。

　立証責任は，独禁法25条と民法709条のいずれによる場合も，民事訴訟の一般原則に従い原告が負う。独禁法25条に基づく損害賠償請求訴訟は公取委による排除措置命令等の確定を要件とするが（排除措置命令前置主義），排除措置

117　東京高判平25・8・30判時2209号10頁等。
118　村上政博編集代表・内田晴康＝石田英遠＝川合弘造＝渡邉惠理子編集委員『条解独占禁止法』（弘文堂，2014年）616頁〔中野雄介＝鈴木悠太〕。
119　独禁法6条および8条の違反も対象に含まれる。

命令等で公取委が認定した事実は裁判所の事実認定を拘束するものではなく[120]、排除措置命令前置主義をもって直ちに違法行為の立証が不要となったり立証責任が転換されたりすることにはならない。

ただし、判例は、公取委による判断がすでに確定している場合、公取委の確定判断をもって独禁法違反行為の存在を事実上推定することを認めてきた。公取委の確定判断による事実上の推定の理論は、主に不当な取引制限を念頭に置いたものであるが[121]、私的独占等にも妥当すると解されている[122]。ただし、事実上の推定の理論は、公取委による審判制度の存在、特に実質的証拠法則により公取委による判断には裁判所に対する一定の拘束力が認められてきたことを前提として形成されたものである。たとえば、松下電器産業事件で裁判所は、事実上の推定の理論の根拠について、「公正取引委員会が独禁法運用の専門機関として準司法的権限を有する行政委員会であり、独禁法……80条の規定〔筆者注：実質的証拠法則に関する規定〕にみられるように、公正取引委員会の事実認定を尊重すべきものとされていることにかんがみると、確定審決の存在が立証されれば、そこに認定された独禁法違反行為の存在を事実上推定することができるというべきである。」と説明している。平成25年改正により実質的証拠法則は廃止され、公取委による排除措置命令等は通常の行政処分と基本的に異ならないものとなった。したがって、平成25年改正法施行後の現在でも事実上の推定の理論が妥当するかは不確実である。

③ 故意・過失

独禁法25条によらず民法709条を根拠として損害賠償請求訴訟を提起する場合、原告は、不法行為の要件として行為者の故意または過失を主張立証する必要がある。

一般に、独禁法違反に関する損害賠償請求訴訟では、原告にとって故意・過

120　東京高判昭52・9・19高民集30巻3号247頁（松下電器産業事件）。
121　村上政博編集代表・内田晴康＝石田英遠＝川合弘造＝渡邉惠理子編集委員『条解独占禁止法』（弘文堂、2014年）613頁〔中野雄介＝鈴木悠子〕。
122　東京高判平24・12・21審決集59巻第二分冊256頁（ニプロ損害賠償請求事件）。

失の立証のハードルは必ずしも高いとはいえない。ただし，こうした説明は，不当な取引制限を想定したものであり，発生件数の少ない私的独占等を必ずしも想定したものではない点に留意する必要がある。確かに，不当な取引制限，中でもあからさまな違法行為であるカルテル・入札談合の場合は，独禁法違反行為の存在が認定できれば，通常，事業者はそれが違法であることを認識していたか，少なくとも認識を欠いたことにつき過失があったと考えられる（第3章第3節）。これに対し，私的独占等の場合，違反行為が反競争的な目的に基づく露骨なものであれば別論，当然に違法とはいいがたい行為が問題になることが多く（私的独占等の第3の特徴），原則どおり，証拠に基づく故意・過失の立証が必要になる場合があると考えられる。

なお，不公正な取引方法のうち再販売価格の拘束については，公取委の流通・取引ガイドラインで原則違法とするのに近い考え方が採られていることから，カルテル・入札談合と同様に，少なくとも過失があった場合が多いと思われると説明されることがある[123]。ただし，実際に確立した判例でかかる立場が示されたことがあるわけではなく，裁判所がいかなる立場を採るかは不確実である[124]。

実際に，事業者の役員の故意・過失が否定された事例として，野村證券損失補塡株主代表訴訟事件がある[125]。この事件は，証券会社が，主幹事を務める取引先との関係を維持するため，取引先に対し損失補塡を行ったところ，違法な損失補塡により会社に損失を与えたとして証券会社の株主から株主代表訴訟が提起されたものである。最高裁は，当該損失補塡が不公正な取引方法（不当な利益による顧客誘引）に該当する違法行為であることを認めたが，損失補塡の実施を決定した取締役らに過失はなかったと判示した。過失を否定する事情として，当該損失補塡が実施された当時（1990年3月），損失補塡は証券取引法に関する問題と考えられており，損失補塡が独禁法に違反するか否かという問題

---

[123] 村上政博編集代表・内田晴康＝石田英遠＝川合弘造＝渡邉惠理子編集委員『条解独占禁止法』（弘文堂，2014年）615頁〔中野雄介＝鈴木悠子〕。

[124] 再販売価格の拘束に関する損害賠償請求事件のリーディングケースは松下電器産業事件（東京高判昭52・9・19高民集30巻3号247頁）であるが，同事件は独禁法25条に基づく請求であり，故意・過失の要件は争点とならなかった。

[125] 最判平12・7・7民集54巻6号1767頁。

は，証券会社および金融規制当局も取り上げておらず，独禁法当局による見解も示されていなかったこと等が考慮されている。

現在では，独禁法が企業コンプライアンスに占める重要性は1990年当時と比べ格段に増大している。したがって，野村證券損失補塡株主代表訴訟事件と同様の事案が新たに生じたとして，現在でも事業者の意思決定者の故意・過失が否定されるとは限らないことに留意が必要である。本判決の意義は，独禁法上の違法性に関する先例の乏しい事業活動については，客観的に独禁法違反行為があっても事業者の意思決定者の過失が否定される場合があることを確認した点にある。今後も，たとえば先端的な事業活動が独禁法違反に問われ損害賠償請求訴訟が提起されたような場合に，事業者の故意・過失を争うための指針として活用できると考えられる。

4 損害論

損害論については，基本的にカルテル・入札談合（第3章）で述べたのと同様の考え方が当てはまる。すなわち，裁判所は，違反行為がなかった場合の被害者の経済状態と，違反行為があった実際の被害者の経済状態を比較し，その差額を損害とする，いわゆる差額説の考え方に基本的に基づき損害額を認定している。以下では，私的独占等に特有の被害者類型について，裁判所が実際にどのように損害を算出したかを見る。

(1) 排除型私的独占

排除型私的独占を理由として損害賠償請求が行われた事案として，USEN 対キャンシステム事件[126]がある。同事件では，X 社による競合他社 C 社の従業員の大量引抜き等の行為が私的独占に該当するとされたが，裁判所は，「(X 社の) 不法行為によって，(C 社は) 売上高が減少しているが，他面，従業員引き抜きを含む不法行為であるから，(C 社の) 被った損害は，営業利益の喪失分と解するのが相当である。」として，不法行為がなければ得られたであろう

126　東京地判平20・12・10判タ1288号112頁。

営業利益が損害に当たると判断した。また，同事件で問題となった商品役務に関する顧客との契約の期間は通常2年間であることから，期間を2年間として損害を算出した。

(2) 優越的地位の濫用

　優越的地位の濫用に関する損害賠償請求訴訟の代表的な例として，セブン－イレブン・ジャパン事件[127]が挙げられる。同事件では，見切り販売の制限行為が優越的地位の濫用に該当するとされたが，裁判所は，「①(筆者注：販売期限よりも前の) ある時間以降に見切り販売を行った場合の利益から，②ある時間以降も見切り販売を行わなかった利益を控除した額」を損害であるとしつつ，現実に見切り販売を実施していない時間に見切り販売を行ったものと仮定して①の利益を算出する必要があるところ，当該計算に当たっては恒常的な見切り販売の実施による顧客の購買行動の変化等さまざまな要素を考慮する必要があり，証拠に基づく認定は困難であるとして，民訴法248条に基づき，見切り販売を妨害されていた期間の長さ，妨害期間中および妨害行為終了後の売上高，商品等仕入高，商品廃棄等（不良品）額，売上総利益等を参照して損害を認定した。ただし，裁判所は，民訴法248条を適用するにあたり，「損害の算定が困難であるにもかかわらず損害賠償義務を負わせる以上，当該算定に当たってはある程度謙抑的かつ控えめに認定することは避けられない」と述べており，各期間における景気動向等の影響については原告に不利な前提で事実上考慮していると考えられる。

127　東京高判平25・8・30判時2209号10頁。

第4節

差止請求訴訟

1 概　要

　独禁法24条に基づく差止請求訴訟は，独禁法に関する訴訟の中で唯一，一旦請求が認容されれば，私人が問題となる行為を直接差し止めることができるという際立った効果を有する。しかし，第1節3(2)で見たように，実際に請求が認容される例は極めて少ない。
　差止請求が認容されるための要件を改めて確認すると，以下のとおりである。

> ①　差止請求訴訟を提起する者が，不公正な取引方法によりその利益を侵害され，または侵害されるおそれがある者に当たること
> ②　独禁法に定める不公正な取引方法が存在すること
> ③　上記違反行為により著しい損害を生じ，または生ずるおそれがあること
> ④　②と③との間に相当因果関係が認められること

　請求が認容される例が少ない主な原因として，上記③「著しい損害」の要件を充足するためのハードルが高いことが挙げられる。そこで，本節では，この「著しい損害」の要件について，裁判例を素材として検討する。また，差止請求訴訟に関するその他の問題についても解説する。

2 「著しい損害」要件に関する裁判例の分析

(1) 関西国際空港新聞販売事件（大阪高判平17・7・5審決集52巻856頁）

X社は，関西国際空港島における新聞の販売に新規参入しようとした会社であるが，全国紙の系列卸売業者5社（Y_2社〜Y_6社）に対して新聞を自社に供給してくれるように申し入れたところ，関西国際空港島内での新聞販売はY_1社（Y_2社〜Y_6社が関西国際空港島内における販売窓口を一本化するために共同出資して設立した会社）を通じてのみ行うことになっているとして取引を拒絶した。

X社は，独禁法24条に基づき，Y_1社による関西国際空港島における新聞の販売，およびY_2社〜Y_6社によるX社との取引拒絶の差止めを請求した。第1審は，Y社らの行為が仮に共同の取引拒絶に該当するとしても「著しい損害」が認められないなどとして請求を棄却したため，X社が控訴した。

控訴審で大阪高裁は，「独禁法によって保護される個々の事業者又は消費者の法益は，人格権，物権，知的財産権のように絶対権としての保護を受ける法益ではない。また，不正競争防止法所定の行為のように，行為類型が具体的ではなく，より包括的な行為要件の定め方がされており，公正競争阻害性という幅のある要件も存在する。すなわち，幅広い行為が独禁法19条に違反する行為として取り上げられる可能性があることから，独禁法24条は，そのうち差止めを認める必要がある行為を限定して取り出すために，「著しい損害を生じ又は生ずるおそれがあるとき」の要件を定めたものとも解される。そうすると，著しい損害があって，差止めが認められる場合とは，独禁法19条の規定に違反する行為が，損害賠償請求が認められる場合より，高度の違法性を有すること，すなわち，被侵害利益が同上の場合より大きく，侵害行為の悪性が同上の場合より高い場合に差止が認容されるものというべきであ」るとする一般論を示したが，結論としては，Y_1社がすでに解散しているとして，差止めの要件を判断することなく控訴を棄却した。

本判決は，傍論としてではあるが，「著しい損害」の要件についての一般論を示した点に意義がある。

(2) ヤマト運輸事件（東京高判平19・11・28審決集54巻699頁）

　宅配便事業を営むX社は，Y社（日本郵政公社）による2004年10月改訂の新料金体系に基づく一般小包郵便物「ゆうパック」のサービスの提供が，不公正な取引方法（不当廉売）に該当するなどとして，独禁法24条に基づく差止請求訴訟を提起した[128]。

　控訴審で東京高裁は，「不公正な取引方法に該当する行為による「侵害の停止又は予防」が判決で命ぜられる場合には，停止又は予防の語義に照らし，原則として，事実審口頭弁論の終結時後の実現を予定することになるから，差止請求の要件としての「不公正な取引方法に該当する行為」は，事実審口頭弁論の終結時において，差止めを必要とする程度に持続する状態で現存することを要し，主観訴訟である差止請求を基礎付ける利益侵害，著しい損害も，事実審口頭弁論の終結時に現存し，又は発生の蓋然性があることを要する。」「独占禁止法24条にいう「著しい損害」の要件は，一般に差止請求を認容するには損害賠償請求を認容する場合よりも高度の違法性を要するとされていることを踏まえつつ，不正競争防止法等他の法律に基づく差止請求権との均衡や過度に厳格な要件を課した場合は差止請求の制度の利用価値が減殺されることにも留意しつつ定められたものであって，例えば，当該事業者が市場から排除されるおそれがある場合や新規参入が阻止されている場合等独占禁止法違反行為によって回復し難い損害が生ずる場合や，金銭賠償では救済として不十分な場合等がこの要件に該当するものと解される。」と一般論を述べたうえで，「X社の宅急便は，一般小包郵便物（ゆうパック）の新料金体系が導入された平成16年10月以降も……売上及び収益を増やしており，X社自身もそのような傾向が今後も続くものと予想しており，X社の宅急便は，その平均単価がY社及び他の事業者と比較して高額であるにもかかわらず，平成15年度から平成18年3月期に至るまで，第1位の市場占有率（取扱個数）を維持している上，さらにその市場占有率が拡大傾向にあるというのであって，本件の口頭弁論終結時……において，上記の事情に変化が生じていると認めるに足りる的確な証拠はないから……「著しい損害」が生じているとは認められない。」また，「口頭弁論終結時

---

[128] なお，2007年7月18日に控訴審口頭弁論が終結したが，その後，同年10月1日に被控訴人であるYが解散し，郵便事業株式会社が本件に係る被控訴人の地位を承継した。

……の数か月後……に郵政民営化法が施行される状況にあり，その際には，……公社としての優遇措置は是正されることが予定されているなど，民営化により，従来よりも「著しい損害を生ずるおそれ」があると認めるに足りる証拠はない。」と判断して差止めを認めなかった。

(3) ドライアイス事件（東京地決平23・3・30ウエストロー2011WLJPCA3306001）

　本件の債権者X社および債務者Y社はともにドライアイスの加工製品の販売を行う業者であり，従来Y社がX社に対してドライアイスの加工を一部委託していたところ，X社はすでにY社がドライアイスの加工受託を受けていた訴外Z社からもドライアイスの加工を受託するに至った。その際，X社はY社に対して事前に相談し，Y社の助言を受けていた。しかし，X社の工場の稼働開始後になって，Y社はX社の競合避止義務違反を理由にドライアイスの取引を停止し，X社の取引先にX社の競合避止義務違反を告げ，X社はまもなく倒産するなどと喧伝し，X社との取引停止等を呼びかける等した。そこで，X社はY社に対して，かかる行為が競争者に対する取引妨害に該当する等と主張して，独禁法24条に基づく差止めの仮処分を求めたという事案である。決定において，裁判所は，Y社の行為が競争者に対する不当な取引妨害に当たることを認定したうえで，Y社の取引妨害行為を受けて，Z社がX社との取引を近日中に停止する旨を通告したことおよびZ社との取引停止によりX社はそのドライアイス事業の継続が著しく困難になると見込まれること，ならびにY社の取引妨害行為の態様，経緯等も考慮して，X社に「著しい損害」が生じるおそれがあると認定した。

　本件は不当な取引妨害が行われた事例において，X社の今後の事業に対する影響の大きさ，Y社の行為態様の悪質性等を指摘して，「著しい損害」を認めた。

(4) 神鉄タクシー事件（大阪高判平26・10・31判タ1409号209頁）

　個人タクシー事業を営むXらが，タクシー会社であるY社に対し，公道上にある私鉄駅前タクシー乗り場のタクシー待機場所をY社が独占的に使用し，Xらの使用を拒絶した上でその乗入れを妨害したとして，当該妨害行為の差止

めを求めた事案である。

第1審判決[129]は,「著しい損害」要件について,前述のヤマト運輸事件と同様の判断基準を採用したうえで,本件では,Xらの営業区域内には,Y社がXらの使用を拒絶したタクシー待機場所以外にも客待ちに適した待機場所があり,また,これまで前記タクシー待機場所を利用できなかった状況においても,Xらにおいて一定程度の売上があり,長期にわたりタクシー営業を続けてきたとして,「著しい損害」の発生およびそのおそれを否定した。

これに対し,控訴審判決は,Y社の行為は,「Xらからタクシー利用者と旅客自動車運送契約を締結する機会をほぼ完全に奪」うものであり,今後も同様の方法により当該機会を奪うことが予想されると認定し,また,その手段も,Xらタクシーの前に立ちはだかる,Xらタクシーの扉横に座り込む,Xらタクシーの前にY社タクシーを割り込ませる等,Xらタクシーが待機場所内で先頭車両となることを妨害するために物理的な実力を組織的に用いるものであったこと等を認定したうえで,損害の内容,程度,独禁法違反行為の態様等を総合勘案して,「著しい損害」の存在を認めた。

控訴審判決が「著しい損害」の存在を認めたのは,行為自体が公正かつ自由な競争を促進するという独禁法の目的ないし理念を真っ向から否定する悪質性の高いものであること,およびその手段が物理的な実力を組織的に用いたものであったこと等の要素を考慮したためと考えられる。

(5) 矢坂無料バス事件（東京高判平24・4・17審決集59巻第二分冊107頁）

X社とY社がある区間でそれぞれバスの運行を行っているところ,Y社が当該区間で無償でのバス運行を開始したため,X社が不当廉売に該当するとして差止めを求めた事案である。本件においては,口頭弁論終結時にはY社はバスの無償運行を取りやめていたものの,第1審判決[130]は,Y社は「今後バスの無償運行を行い,乗客が増加したら有償にするということも検討しているとのことであり,少なくとも被告に独占禁止法で規制されている事項を遵守する意思が欠落していることは明らか」と述べて差止請求を認容した。

---

129 神戸地判平26・1・14ジュリ1468号4頁。
130 宇都宮地大田原支判平23・11・8審決集58巻第二分冊248頁。

第4節　差止請求訴訟

　一方，控訴審は，Y社が口頭弁論終結時においてすでに無償での運行を行っていないことから，「将来的に無料運行を再開し，お客が増加したら有料とすることも考えている」とのY社の陳述を踏まえても，将来Y社が無償運行を行う具体的計画の存在がうかがわれない以上，差止めの必要性がないと判断した。

　控訴審判決は，最終的には差止めを求める行為がいつの時点で存在する必要があるかという点に論点を絞って判断している（この論点については後記3を参照）が，仮にY社による無償運行が継続して行われていた場合に，控訴審が「著しい損害」の要件を認めたか否かは判然としない。ドライアイス事件および神鉄タクシー事件はいずれも不当な取引妨害の事例であり，行為態様も明らかに悪質であったこととと比べると，本件は不当廉売に関する事例であること，違反行為はあくまで無償での運行であり，その態様も必ずしも悪質というものではなかったことから，「著しい損害」がなお否定された可能性がある。もっとも，第1審判決は，「著しい損害」に触れることなく「差止めの必要性」という枠組みにおいて検討しており，必ずしも判示内容が詳細でない等，その判断手法には疑問も残る。

(6)　事例分析から得られる示唆

　以上の事例分析が示すように，裁判所は，「著しい損害」の要件について，原告に生じる損害の大きさだけを単純に検討しているわけではなく，行為態様の悪質性等も検討対象とした総合的な判断を行っている。

　たとえば，「著しい損害」の存在が否定されたヤマト運輸事件では，X社の売上および収益に与える影響のみについて検討がなされ，「著しい損害」が生じているとは認められないといった判断がなされた。これに対し，「著しい損害」の存在が認められたドライアイス事件および神鉄タクシー事件では，いずれも，その事業を継続して行うことが困難になることに加え，ドライアイス事件ではY社による風説の流布，神鉄タクシー事件ではY社による物理的・組織的な妨害行為という，行為の悪質性も評価に入れたうえで，「著しい損害」を肯定する判断がなされた。こうした判断からは，「通常の事業活動が対象とされる」という私的独占等の第3の特徴を背景として，裁判所が，通常の事業活動の範

137

囲から大きく逸脱していない行為に対しては慎重な法適用を志向していることがうかがわれる。差止めを求める事業者は，自身に生じる損害という観点のみではなく，前記矢坂無料バス事件のように，違法意識の欠如や競争制限のみを目的に行為を行っているなど，その行為態様や目的の悪質性についても積極的に主張立証していくことが重要である。

3 違反行為の時期

　「著しい損害」の要件との関連では，違反行為が現在行われていることが必要かという点も問題となることが多い。すなわち，行為者の行為がすでに現存しない場合に，それでも「著しい損害」を認める余地があるかという問題である。前記矢坂無料バス事件控訴審判決においてみられるとおり，口頭弁論終結時点において相手方の行為が現存していない，として棄却された事例も現に存在する。また，将来違反行為が再開される見込みが指摘されている場合であっても，当該可能性が，口頭弁論終結時点において相当程度具体的に観念されなければ，「著しい損害のおそれ」は認められないとしている事例もある。

　差止請求訴訟で請求認容判決を勝ち取るためには，違反行為が口頭弁論終結時に現存していること，またはすでに現存していない場合には，当該行為がすぐにでも再開される可能性があること等を，具体的に立証することが必要となる。

4 差止請求認容の効果

　上記の要件を満たした場合，裁判所は，行為者の行為による侵害の「停止」または「予防」を行為者に命じることができる。ただし，このような不作為では実効性が確保できない場合に，一定の作為まで命じることが可能かという問題がある。この点，これを認める見解もあるが[131]，裁判例の結論は分かれている。

131　東出浩一編著『独禁法違反と民事訴訟―差止請求・損害賠償制度』(商事法務研究会，2001年) 30頁，白石忠志『独占禁止法 (第3版)』(有斐閣，2016年) 732頁等。

三光丸事件[132]で裁判所は,「独占禁止法24条は「侵害の停止又は予防を請求することができる」と規定しているものであり,この文理からすれば,独占禁止法24条に基づく差止請求は,相手方に直接的な作為義務を課すことは予定していない」として,独禁法24条に基づく作為請求は認められないという立場をとった。

これに対し,ソフトバンク対NTT事件[133]では,原告が,独禁法24条に基づき,被告の提供するFTTHサービスについて,1分岐単位での接続を拒否しないことやOSU(光信号伝送装置)の共用に応じること等の作為の給付命令を請求したところ,裁判所は,「独占禁止法24条は……「その侵害の停止又は予防」を請求することができると規定しているところ,ここでいう不公正な取引方法に係る規制に違反する行為が不作為によるものである場合もありうることから考えると,差止請求の対象である「その侵害の停止又は予防」は,不作為による損害を停止又は予防するための作為を含むと解するのが相当」と判示し,一般論として独禁法24条に基づく作為請求が認められる場合があるとする立場をとった。もっとも,被告が原告の請求する接続等を行うためには,その接続料および接続条件について接続約款を定め,総務大臣の認可を受けなければならない(電気通信事業法33条2項)ところ,原告の請求を認めると,認可を受けていない接続契約の締結を被告に強制することになるなど,上記の電気通信事業法上の義務と矛盾する法的義務を被告らに課すことになってしまうこと等を考慮して,具体的な事案との関係では独禁法24条に基づく請求は認められないとした。

独禁法24条による差止請求は,原告の利益侵害の救済に必要な範囲に限定されるべきである一方,原告への侵害を除去するために真に必要であるならば,作為を命じる差止命令も認められるとするのが,差止請求の趣旨に適うと考えられる。差止請求訴訟において,作為による侵害の停止および予防を求める場合には,かかる作為を命じる必要性の有無についても十分に主張立証する必要がある。

なお,これまでの差止請求の認容判決は,いずれも不作為を命じるものであ

132　東京地判平16・4・15判時1872号69頁。
133　東京地判平26・6・19判時2232号102頁。

るが，不作為を命じる判決の強制執行は，原則として間接強制または代替執行によることになる。

5　不正競争防止法3条との関係

　独禁法24条の差止請求訴訟に類似した制度として，不正競争防止法3条に基づく差止請求訴訟が存在する。不正競争防止法3条1項は，「不正競争によって営業上の利益を侵害され，又は侵害されるおそれがある者は，その営業上の利益を侵害する者又は侵害するおそれがある者に対し，その侵害の停止又は予防を請求することができる。」と定めている。独禁法上の「不公正な取引方法」に当たる行為は，同時に不正競争防止法の定める「不正競争」に該当する場合もあり，かかる場合には，独禁法24条に基づく差止請求に加えて不正競争防止法3条の差止請求を併せて提起することを検討する必要がある。

　実際にも，近年，独禁法24条に基づく差止請求権と不正競争防止法3条に基づく差止請求権を同時に主張して訴えを提起する例が散見される。

　たとえば，前記ドライアイス事件では，債権者は，仮処分手続における被保全権利として，独禁法24条に基づく差止請求権と不正競争防止法3条に基づく差止請求権を選択的に主張した。裁判所は独禁法24条の差止請求権を被保全権利とする請求を一部認容し，不正競争防止法3条の差止請求権を被保全権利とする請求については，「不正競争防止法3条に基づく請求によっても，上記程度を超えて差止めを認容する余地はない」と判断した。

　また，ワン・ブルー事件[134]でも，原告は，独禁法24条に基づく差止請求権と不正競争防止法3条に基づく差止請求権を同時に行使して訴えを提起した。これに対し，裁判所は，不正競争防止法3条に基づく請求を一部認容し，独禁法24条に基づく請求については，「不競法3条1項に基づく差止めが認められるから，独禁法24条に基づく差止請求権の存否については，判断を要しない。」とした。

　このように，一般的には，独禁法24条に基づく差止請求と不正競争防止法3

134　東京地判平27・2・18判タ1412号265頁。

条に基づく差止請求は，一方が肯定されれば他方が必要性を欠き否定されるという関係にある。もっとも，両請求を同時に提起することに制約はなく，実務上は積極的に両請求の活用を検討すべきである。

第5章

米国独禁法訴訟
―クラスアクション

　米国においては，同国に影響する独禁法違反行為が明るみに出た場合，必ず独禁法クラスアクションが提起されるといっても過言ではない。日本の訴訟と比べた場合，認められる損害額・要求される和解額がいずれも高額となり，被告となった日本企業を悩ませている。
　そこで，米国において独禁法クラスアクションを提起された日本企業が，損害額・和解額を最小限に抑えるために検討すべき訴訟戦略・和解戦略上の重要なポイントについて以下で解説する。

第1節 はじめに

　米国においてビジネスを行う日本企業にとって，米国訴訟リスクは避けて通れない。訴訟件数，訴訟において認められうる損害額の規模のいずれにおいても，日本の訴訟に比べて極めて高くなっている。その中でも，独禁法に基づく訴訟は，後に述べるさまざまな理由により，損害額，和解額ともに特に高額となりがちであり，日本企業にとって最も注意しなければならない訴訟類型の1つであろう。

　米国独禁法訴訟に巻き込まれてしまった日本企業の中には，訴訟対応を米国弁護士に任せきりにしてしまう企業が多く，弁護士の言われるがままに，ディスカバリーなどの対応に終始してしまうといったケースが多いように思われる。また，先行する刑事事件の対応に忙殺され，それが一区切りすると安心してしまう，といったケースもみられる。米国の独禁法違反事件は，どうしても刑事事件に注目が集まりがちであるが，刑事事件の罰金額よりも民事事件の損害賠償額，和解額のほうが高額になる場合が多く，企業にとっては民事事件が重要なフェイズであることを理解する必要がある。そのうえで，損害額，和解額を低く抑えるための戦略について，米国弁護士としっかりと議論しなければならない。企業側が訴訟戦略の構築に適切に関与することが，米国訴訟における成否を分けることになる。

　そこで本章では，米国独禁法訴訟の全体像および訴訟の各段階においてキーとなるポイントを解説し，米国独禁法訴訟の理解を深め，米国弁護士と議論をするうえで必要となる背景知識を提供する。具体的には，まず，米国訴訟がどのように進むかの概要を説明し（第2節），次に他の訴訟類型と対比して独禁法訴訟の特徴を解説し（第3節），そのうえで，訴訟におけるキーとなる各段階においてどのような戦略をとるべきかについて解説する（第4節）。

第2節

米国訴訟手続の概要

1 米国訴訟における主なプレーヤー

　まず，典型的な米国独禁法訴訟において，どのようなプレーヤーが存在し，それぞれどのような役割を果たしているかについて簡単に説明したい。

(1) クラス原告（原告弁護士）
　訴訟は原告が訴訟提起をしなければ始まらず，原告の存在は不可欠である。米国におけるクラスアクションでは，原告を代理する原告弁護士が訴訟追行に大きな影響を及ぼす。クラスアクションでは，クラス認証と呼ばれる手続を経て被害を被った集団が原告となるが，訴訟を提起する際には，当該クラスに所属する原告を可能な限り集めたうえで，原告弁護士が当該原告を代理して訴訟を提起する。一般に，原告弁護士は，着手金や時間単価による請求をせずに，損害賠償金，和解金を勝ち取った場合，その額の一定の割合を成功報酬として受け取る。案件によっては，この成功報酬の額が数十億円単位となり，原告弁護士が訴訟を提起する経済的インセンティブとして機能している。弁護士にもよるが，一般的に，原告弁護士は非常にアグレッシブな訴訟追行を行う傾向にあり，被告企業は対応に苦慮することが多い。被告となった日本企業としてそれに屈することなく，不合理な主張に対しては毅然として争っていく態度を示すことが重要となる。
　独禁法訴訟では，カルテルの対象となった製品・サービスを直接購入した者から成る直接購買者原告クラス（DPP：Direct Purchaser Plaintiff）と，カルテルの対象となった製品・サービスを含んだ製品・サービスを購入した者から成

145

る間接購買者原告クラス（IPP：Indirect Purchaser Plaintiff）が訴訟を提起するのが通常である。たとえば，トラック用タイヤについてカルテルが行われていたとの事実に基づいて訴訟が提起される場合，当該タイヤを直接購入したトラック製造業者が直接購買者原告クラス，当該タイヤが搭載されているトラックを購入したディーラー，最終消費者などが間接購買者原告クラスとなり得る。

(2) オプトアウト（opt-out）原告

　カルテルにより損害を受けた消費者のように少額の損害を被った多数の被害者が存在する場合には，それらが集まって訴訟を提起し，訴訟費用を分担することが経済合理的である。他方，たとえばカルテルの対象となった商品の大口顧客などは，回収が見込める和解金額，損害賠償額が多額となり，自身で個別に訴訟を追行したほうがより有利な条件を引き出すことができる場合がある。そのような原告は，当該クラスから「オプトアウト」（離脱）することにより，個別に訴訟を追行することが認められる。実際にも，オプトアウトしたほうがクラスに残った場合に受け取ることができる金額よりも大きくなる傾向にある。また，個別に弁護士を雇うことにより手続を自身でコントロールすることができることもオプトアウトの大きなメリットの1つである。通常，オプトアウト原告にはクラスとは別にディスカバリーの機会が与えられ，訴訟全体のスケジュールもクラスとは別のスケジュールに基づき進むことも多い。

　被告としては，オプトアウト原告が増えれば増えるほど，原告ごとの訴訟対応作業が増えることになり，また和解金額も増える傾向にある。しかしながら，原告がオプトアウトすることを止める手立ては被告側にはなく，裁判所が設定したオプトアウト期限を過ぎるまではオプトアウトする可能性があることを念頭に置く必要がある。オプトアウトする原告が多くなればなるほど，クラスにとどまる原告が被った損害額が少なくなるので，その分クラスとの和解額を低額に抑えなければならないという点は特に重要である。

(3) 被　　　告

　カルテルに関する民事訴訟の被告となる企業は，当該製品分野におけるマーケットシェアが高い企業が多く，大企業である場合が多いが，日本の中小企業

であっても訴訟の対象となる場合があり，注意が必要である。原告弁護士は，最終的に和解によって金銭を確保するため，資金が潤沢である企業（いわゆるディープポケットを有する企業）を訴訟の対象とするケースが多く，その意味でも日本企業はターゲットとなりやすい。

最近の独禁法訴訟では，当局の調査が開始されたケースにおいて民事訴訟が提起されることが多く，米国当局による調査が行われているケースについては，後に訴訟が提起される可能性が極めて高いことを想定しておくべきである。また，米国当局の調査が開始されていないとしても，米国外の当局による調査が開始されている場合には，原告弁護士のターゲットとなる可能性が十分にある[1]ので，米国訴訟の可能性を念頭に置いた対応が求められる。

(4) 裁判所／裁判官／Special Master（Majestrate Judge）

米国訴訟において裁判官が果たす役割は大きい。連邦民事訴訟規則上，連邦地裁の裁判官には広範な裁量が与えられており，また，手続的な事項に関する裁判官の判断に対して上訴することが認められないケースがほとんどである（たとえば，訴状却下の申立てにおいて被告が敗訴した場合には，当該判断に対して上訴することができない）。したがって，裁判官の心証を害するような訴訟活動は慎まなければならない。ただし，連邦地裁の裁判官にもさまざまなタイプがいて，原告弁護士出身で原告側に有利な判断を多数行う裁判官も存在する。裁判官の訴訟指揮，判断が適正手続確保を欠くような場合には，特別に上級審に判断を求める手続（writ of mandamusと呼ばれる手続[2]）も存在するので，活用を検討する場面もあり得よう。

独禁法関連のクラスアクションでは，関係者の数も多くなり複雑化するケースが多いことから，特にディスカバリーに関する紛争について裁判官を補助するSpecial MasterまたはMajestrate Judgeが任命されることが多い。Special

---

1 たとえば，カナダ当局による調査開始に基づいて米国における訴訟が提起されたケースとして，In re Chocolate Confectionary Antitrust Litigation, 801 F.3d 383 (3rd Cir. 2015).
2 独禁法訴訟ではないが，連邦地裁の判断が当事者の適正手続保障を著しく欠くとしてwrit of mandamusが認められた例として，In re Google, Inc., 2015-138 (Fed. Cir. 2015).

Master/Majestrate Judge は当事者間に生じたディスカバリーに関する紛争について当事者間の交渉を促進し，当事者間の協議で解決できなかった論点について第一次的な判断を行う。裁判官は Special Master/Majestrate Judge の判断内容を確認し，内容に不備がない場合には，そのまま正式な命令として採用する。ケースバイケースではあるが，一般に裁判官は Special Master/Majestrate Judge による判断を尊重する傾向にあるため，Special Master/Majestrate Judge との関係を良好に保つことも戦略的に重要となる。

(5) 米国司法省（DOJ）

　訴訟の当事者ではないが，軽視できないのは米国司法省（Department of Justice。以下「DOJ」と呼ぶ）の存在である。原告が訴訟を提起した際に DOJ の調査が継続している場合，DOJ は通常訴訟の一時停止（Stay）を申し立て，裁判所もこれを許可するケースが多い。しかし，訴訟を停止するか否かは連邦裁判所の裁量に委ねられており，DOJ の調査が終結するまで訴訟が停止するケースは稀であり，通常はどこかのタイミングで裁判官が訴訟を進行させることになる。

　また，DOJ による調査が先行，あるいは同時進行している場合，訴訟における答弁や証人のデポジションの内容には十分注意する必要がある。DOJ は民事訴訟の内容を定期的に確認しているといわれ，訴訟における被告会社の答弁内容が DOJ に対する説明と矛盾していたり，証人が民事訴訟において DOJ への説明と異なる証言をする，などといった場合には DOJ による確認，調査が行われる可能性があるので，これらの内容には細心の注意を払わなければならない。また，DOJ が保護命令（Protective Order）の申立てをしてそれが認められた場合，一定の事実について裁判における開示が禁止され，被告側はこれを厳格に遵守しなければならない。

　なお，米国における競争法執行当局には，DOJ の他に米国連邦取引委員会（Federal Trade Commission。以下「FTC」と呼ぶ）が存在する。いずれの当局も，米国独禁法であるシャーマン法の執行権限を有しているが，刑事事件となるカルテル事件の執行は DOJ が行う。

2　訴訟手続の流れ

(1)　訴状―答弁段階

　米国における訴訟は，原告が訴状（Complaint）を裁判所に提出して始まる。原告は，訴状を裁判所に提出した後，被告に対して訴状を送達する。その後，被告は，答弁（Answer）を提出するか，訴状却下の申立て（Motion to dismiss）を行うことになる。この段階において，当事者はディスカバリーを行う必要はなく，訴状却下の申立てについても，原則，訴状と申立ての内容のみに基づいて判断されることになる。

　日本企業が米国独禁法クラスアクションの被告になった際に，訴状却下の申立てを有効に使うことが戦略的に重要になる。訴状却下は，高額なディスカバリーを行わずに訴訟から離脱することができる手続であり，日本企業としてはぜひ活用を検討すべきである。たとえば，米国裁判所が当該被告の日本企業に対して管轄権を有さない，といった管轄権に基づく主張や，訴状に記載されている事実主張がすべて真実であるとしてもカルテルが成立することが現実的（plausible）でなく，ディスカバリーをしなくとも主張が成立しないことが明らかである，といった主張をすることが考えられる。特に後者は，後に詳述するとおり，2000年代中盤に被告企業にとって有利となる連邦最高裁判決が出され，それを皮切りに被告によって主張されるケースが増えてきている。

　ただし注意しなければならないのは，成功例は少なからず存在するものの，当事者にディスカバリーをさせずに訴状段階において裁判官が却下をすることは稀であることである。その意味で，訴状却下申立てを行ったからといって安心せず，申立ての判断がなされるまでの時間を有効に使い，ディスカバリー等への準備を開始しておく必要がある。

　また，訴状却下の申立てにはその他の戦略的な効果も期待できる。たとえば，被告である日本企業側が早期の和解成立を狙っている場合，訴状却下の申立てを提起しておいて，原告に対して訴訟全体が却下されてしまう可能性を突き付け，それを交渉のレバレッジとして早期和解に持ち込むといった戦略も十分考えられる。このように，訴状段階における戦略が訴訟，和解の成否を分けるこ

ともあり，非常に重要な段階であるといえる。

(2) ディスカバリー

　訴状段階における却下がなされなかった場合，被告が答弁書を提出し，その後ディスカバリー手続に移行する。米国のディスカバリー（証拠開示）手続の特徴は，当事者間で直接やり取りが行われ，裁判所の関与が極めて限定的なところにある。また，ディスカバリー手続の対応費用が訴訟におけるコストの大部分を占めるといわれており，日本企業にとっては，いかに効率よく対応するかも重要な考慮要素となる。

　ディスカバリーは，主に，人証の証言を録取する手続（デポジション）と書面の提出手続（電子メール等の電子データの提出も含む），当事者間の質問－回答手続（Interrogatories）に分類される。最近では，電子データのディスカバリー（いわゆるE-Discovery）に関する作業，コストが膨大となる傾向にあり，効率的に文書レビューを行うための体制を検討する必要がある（第4節②(2)において述べるとおり，最近では機械学習（Machine Learning）を用いた人工知能（AI）によるレビューの活用が注目されている）。

　ディスカバリーで紛争となる事項は多岐にわたる。原告側は，被告の訴訟コストを高額にして有利な和解を行うためのレバレッジを得ようと，広範囲のディスカバリーを請求してくる。日本企業としては，原告側の請求をいかに合理的に限定していくかが戦略的に重要となる。特に，ディスカバリー対象期間，対象となる担当者（Custodian）の数をいかに限定していくかが重要な視点となる。また，日本企業が被告となる場合に特有の論点も存在する。たとえば，日本に所在する文書の提出がディスカバリー手続において強制されうるか，日本に在住する証人のデポジションをどのような手続でどこで行うか，日本の公取委に提出した文書の提出を強制されるか，などが争点となり得る（詳細については第4節参照。）。

　これらディスカバリーに係る紛争は，当事者が交渉によって妥協点を探り，解決をしていくことが期待されているが，当事者間で解決ができなかった紛争については，提出強制の申立て（Motion to Compel）を裁判官に提起し，裁判官による判断がなされる。前述したとおり，訴訟当事者が多く複雑な独禁法

訴訟の場合には，担当裁判官が，ディスカバリー紛争を解決するため Special Master/Majestrate Judge を任命することがある。

どのようなディスカバリー紛争が起こるか，それに対してどのように対応するか（徹底抗戦をするか，原告と妥協をしていくか）はケースバイケースの判断であるが，訴訟全体に影響を与え得る重要な論点であり，かつ，こちらの立場に合理性のある場合には，争っていくべきであろう。ただし，些末な論点まですべて妥協せずに争ったり，合理的な法的根拠もなく争ったりすると，裁判官の心証を害することもあり得るため，重要な点を見極めてピンポイントで争うという姿勢が求められる。

(3) クラス認証手続（Class Certification）

クラスアクションにおいて，ディスカバリーが進んだ段階で，クラス認証手続が行われる。前述のとおり，独禁法訴訟では，カルテルの対象となった製品・サービスを直接購入した者から成る直接購買者原告クラスと，カルテルの対象となった製品・サービスを含んだ製品・サービスを購入した者から成る間接購買者原告クラスが訴訟を提起するのが通常である。これら２つのクラスを代理する弁護士が訴訟追行を行っていくが，これらの原告が個々人としてではなくクラスとして訴訟追行をすることが適切であるかについて裁判所が判断する機会がクラス認証手続である。仮にクラス認証が認められないとすると，被害者である各社または各個人が個別に訴訟を行わなければならず，一部の大企業を除いて個別に訴訟を提起することは現実的ではないことから，実質上被告側の勝訴に近い結果が得られる。米国の独禁訴訟における１つの山場であり，日本企業としては，クラス認証却下に向けた訴訟活動にかける労力を惜しんではならない。

また，クラス認証の申立てが係属している段階で，これをレバレッジとして和解交渉が加速する場合も多い。訴状却下の申立てと同様，クラス認証が認められなかった場合には，原告（原告弁護士）にとって実質敗訴であり，その可能性がある段階で，それを交渉力として利用して有利な和解を引き出すという訴訟戦略も十分考えられる。

(4) サマリージャッジメント（Summary Judgement）

　サマリージャッジメント（略式判決とも呼ばれる）は，ディスカバリーの結果等によって一方当事者が勝訴することが明らかである場合，トライアルに移行することなく担当裁判官が終局判決を行うことができる制度であり，訴状却下の申立て，クラス認証手続とともに米国クラスアクションにおける大きなターニングポイントの１つである。事案によるが，被告としては活用を検討すべき手続といえる。

　ただし，サマリージャッジメントを行うタイミングについては慎重な検討を要する。サマリージャッジメントで勝訴するためには，重要事実に関してトライアルで争うべき争点が存在しない（すなわち，合理的な陪審員が他方当事者勝訴という判断をする可能性がない）ことが要件となり，これを満たすハードルは高い。ディスカバリーが終了していない段階でサマリージャッジメントの申立てを行っても，裁判官としては，追加開示証拠に基づき原告側によるカルテルの立証が行われる可能性が残されているという理由で，原告側に有利な判断を下す可能性が高い。したがって，サマリージャッジメントの申立ては，ディスカバリーの終結後に行う場合が多い。

　また，仮にサマリージャッジメント段階で被告側が負けた場合，その後トライアルに移行するまでの間，原告側の法的主張を排斥できる手続が存在しないことから，和解交渉上のレバレッジを失ってしまうことになる。その意味で，和解戦略上，サマリージャッジメント前で和解するか否かは重要な検討事項となる。

(5) 調停手続（Mediation）[3]

　裁判官の主導により，調停人を介した調停手続が行われることがある。裁判官が調停人を任命し，当事者間の和解成立に向けた活動をする。

　調停では主に和解金額が論点となるが，和解上のレバレッジを失わないためには，調停人に対して，いかに被告側の主張が強いかについて説明を行い，納得させ，調停人を味方につけることが重要である。ただし，中には主張の強弱

---

[3] クラス認証，サマリージャッジメント，調停手続は，ケースによって順番が前後することがありうる。

に関係なく数字だけで和解を成立させようとする調停人も存在し，調停人のスタンスも考慮した柔軟な戦略構築が求められる。

　当然のことだが，当事者としては，調停人による調停手続を経ても和解が成立しない場合には，調停決裂となり，通常の手続が進行することになる。なお，仮に調停が決裂したとしても，和解交渉を継続することは可能である。

(6) トライアル

　米国独禁法クラスアクションにおいて，最終的な事実認定はトライアルにおいて行われる。トライアルには，裁判官が事実認定を行うものと，一般人からランダムに選出された陪審員（Jury）が事実認定を行うものに分かれる。陪審員による裁判を受ける権利は合衆国憲法で保障されているため，どちらか一方の当事者が陪審員による裁判を希望した場合には，陪審員による裁判が行われる。

　米国独禁法クラスアクションにおいて，原告側弁護士は陪審員による裁判を希望するケースが圧倒的多数である。陪審員は，独禁法その他の法律について事前知識をほとんど有さない一般人がなるため，被告にとっては，判断の予見可能性が極めて低い。そして，仮に敗訴した場合，三倍額賠償，連帯責任制度も相俟って，高額な損害賠償請求が認められるリスクがある。このような事情を考慮し，被告としては，トライアルにおいて陪審員の判断を求めることなく和解によって解決することが最良の選択肢であると考えることが多い。言い換えれば，原告側は，陪審員による判断の予見可能性の低さ，被告側の敗訴リスクの大きさを交渉材料として，有利な和解条件を引き出そうとする。

　上記のような理由から，米国独禁法クラスアクションにおいては，トライアルが行われることは非常に稀であり，被告企業としても，トライアルに行くということは，仮に事実関係が被告に有利だったとしても，かなり勇気のいる決断である。

　しかし，最初からトライアルで争うつもりがないことを原告側に察知されてしまうと，和解交渉においても足元を見られることになる。したがって，トライアルにおいて争っていくつもりで訴訟戦略を立てておくことが非常に重要となる。陪審員の判断の予見可能性が低いということは原告にとっても同様に当

てはまることであり，原告側もトライアルに移行した場合の敗訴リスク，訴訟費用未回収のリスクが存在する。このようなリスクを現実的なものとしてどの程度印象付けられるかが，和解においても重要となってくる。

このように，米国独禁法クラスアクションにおいて実際にトライアルが行われることが稀であることを踏まえ，本書においてはトライアルの手続等について詳細に解説することはせず，たとえば和解戦略等トライアルと関連する事項を解説する際に，併せて説明するにとどめる。

以上の手続をフローチャートでまとめたのが下記の図である。

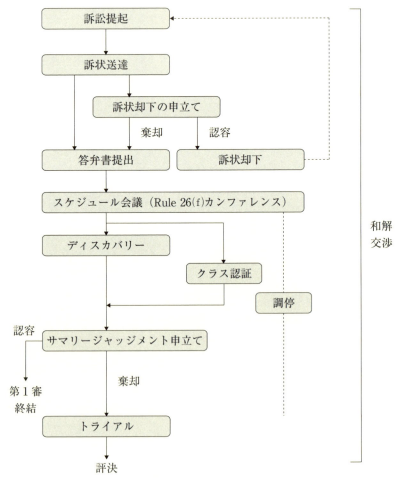

第3節

独禁法訴訟の特徴

　米国においてビジネスを行っている企業にとって，米国訴訟リスクはさまざまなところで存在する。独禁法訴訟に限らず，製造物責任訴訟，特許等知的財産権訴訟（パテントトロールによる訴訟追行等），証券関係訴訟など，さまざまな分野において訴訟のターゲットとなる可能性がある。しかしながら，その中でも，独禁法関連訴訟，特にカルテル関連のクラスアクションにおいては，他の訴訟類型にはない特徴が数多く存在し，これらの特徴の多くは，企業側のリスクを増大させる要因となっている。米国独禁法訴訟における戦略を構築していく上で，これらの特徴を適切に把握することは避けて通れない。そこで，本節では，独禁法訴訟の特徴のうち，訴訟戦略に影響を与え得る重要なものについて解説していきたい。

1　当局による法執行の存在

　すでに何度か触れたように，カルテルに関するクラスアクションは，DOJによる執行活動に起因する訴訟（Follow-on 訴訟）である場合が非常に多い。すなわち，民事訴訟の対象となっている行為について，DOJによる刑事手続が先行しており，DOJとの間で司法取引合意（Plea Agreement）がなされたか，DOJによって刑事訴追され裁判所によって違反が認定されている場合である。
　司法取引を行った会社は，その後の民事訴訟において違反行為の事実を争うことは極めて難しく，違反行為があったことを前提として訴訟を行わなければならない。しかしながら，違反行為が存在したからといって損害賠償が自動的に認められるわけではなく，当該原告が当該違反行為によって損害を被ったか，

被ったとして損害額はどの程度かについては争う余地が存在する。また，原告側が，DOJとの司法取引で認めた以上の違反行為を主張してきた場合（特に，違反行為の期間，対象製品などを拡大させて主張してくることが多い），司法取引以上の部分については事実認定に関しても争う余地が生じる。

さらに，最近では，DOJによる調査が行われていない場合であっても，海外当局による調査開始，違反決定などに基づいて原告弁護士が米国で訴訟を提起する場合がある。その際，海外における違反認定決定等を米国訴訟において証拠として利用することが可能か，可能であるとして，どの程度の証明力があるかなどが論点となりうる。第4節で詳述するとおり，仮に海外当局との関係で違反行為の存在が認められたとしても，米国での違反行為の立証に直接つながるわけではないため，被告企業としては，可能な範囲で，海外当局による執行活動と米国での行為とを区別することによって，海外において認定された違反行為は米国に影響はなく，米国での違反行為を構成しない，という主張をしていく必要がある。

2　リニエンシー申請者による協力

カルテルなど独禁法違反行為は密室で行われることがほとんどで，なおかつ証拠が残りづらい違反類型であるといえる。そこで，米国を含む各国独禁当局は，カルテル等の独禁法違反行為の発見を容易にするため，違反企業が自主的に当局が認識していない独禁法違反行為を報告した場合には，当該企業に対して刑事訴追または制裁金の免除を行ういわゆるリニエンシー制度を採用している。各国によってリニエンシー制度の細かい内容は異なるが，米国では，申告時点で当局が認知していなかった違反行為を最初に自主的に申告した企業に対しては，刑事責任を免責するという制度が採用されている。

米国においてリニエンシー申請を行い，刑事責任を免除された企業であっても，民事訴訟における責任をすべて免除されるわけではない。しかしながら，連邦法[4]上，リニエンシー申請者は，民事訴訟においても以下のような多数の

4　Antitrust Criminal Penalty Enhancement and Reform Act（2004）（省略して「ACPERA」と呼ばれることが多い）

利益を享受することができる。

(1) 三倍額賠償規定の不適用

後述するように，独禁法違反行為に基づく損害賠償請求においては，違反行為抑止の観点から，被害者が実際に被った損害の三倍額の賠償請求が認められる。しかしながら，リニエンシー申請者については，実損害のみの損害賠償が認められるとされている。

(2) 連帯責任規定の免除

カルテルは1社で行うことはできず，必然的に多数の会社が同一の違反行為に関与することになる。後に説明するように，これら違反行為に関与した複数の会社は，民事訴訟において，連帯責任（Joint and several liability）を負うことになる。すなわち，原告は，被った損害のすべてをいずれの被告企業に対しても満額請求することができる。そして，原告に対して損害賠償の支払を行った会社から他の共同被告に対する求償請求は認められない。したがって，被告企業は，理論上，関与したカルテルに基づいて原告が被ったすべての損害に対して単独で責任を負いうる立場にある。このような連帯責任規定は，和解戦略決定に対して大きな影響を及ぼしうる非常に重要な特徴である。しかしながら，リニエンシー申請者は，民事訴訟において自己の経済活動に起因する損害額のみを賠償すればよいとされており，リニエンシー申請者には連帯責任規定は適用されない。

ただし，法律上，リニエンシー申請者が上記のような利益を得るためには，原告に対して，「十分な協力（satisfactory cooperation）」を提供しなければならないとされており[5]，十分な協力には，民事訴訟に関連する可能性があり，申請者が知っているすべての事実を原告に対して開示しなければならないとされている[6]。また，原告に対する協力が適時に行われなければならないとされてい

---

5 ACPERA SEC 213(a)
6 ACPERA SEC 213(b)(1)

る[7]。どの程度の協力がsatisfactory cooperationとなるかについての裁判例はあまりないが，たとえば，リニエンシー申請者が，カルテルの存続期間について，DOJに報告した事実関係とは異なり，短い存続期間を原告に対して通知したことなどが，十分な協力とはいえないと判断されたケースとして，In re Aftermarket Automotive Lighting Prods. Antitrust Litigation[8]がある。また，DOJは，ACPERAにおける十分な協力として認められるためには，DOJの捜査段階において完全な協力を行う（cooperating fully）必要がある，としている[9]。最終的な解釈権限は裁判所にあるが，反トラスト法の執行機関であるDOJが示した解釈であり，リニエンシー申請者としては，このような解釈を念頭に置いた行動をとることが必要となるだろう。

　前述したとおり，最近の米国独禁法クラスアクションは，DOJによる調査が先行しており，最近のDOJによる執行のほとんどは，リニエンシー申請者による申請を端緒にするものであるといっても過言ではないと思われる。そして，リニエンシー申請者は，原告に対して協力する大きな経済上のインセンティブを有していることから，ほとんどのケースにおいて，原告に対して有利な資料を提出したり，証人を提供するなどして，原告の主張立証に協力することになる。これにより，多くの場合において，原告による違反行為の主張立証を争うことが難しくなる。

③　賠償額を増加させる制度の存在

　すでに何度か述べているとおり，カルテルは密室で行われる犯罪であり，決定的な証拠を残さずに行われるケースも多い。リニエンシー制度が導入された後であっても，カルテルは摘発が難しい法違反類型の１つであろう。このように摘発リスクが他の類型に比べて低いことに鑑み，米国独禁法は，民事訴訟において以下のルールを整備し，カルテルに関与した被告企業による賠償額を増

7　ACPERA SEC 213(c)
8　2013 WL 4536569（C.D.Ca. 2013）
9　DOJ "Frequently Asked Questions About the Antitrust Division's Leniency Program and Model Leniency Letters" 2017年１月改定版18頁。

加させることにより，違反行為の抑止を図っている。

(1) 三倍額賠償制度

　カルテル等の独禁法違反行為については，違反行為を抑止するため，民事訴訟において原告が被った損害の三倍額の請求をすることが認められている。

　原告が被った損害については，経済分析による立証を行ったうえで損害額を確定することになるが，損害額の計算は，非常に単純化すると，被告企業による米国に関連する売上高で，当該違反行為による影響を受けたもの（関連売上高：Volume of Commerce）に，カルテルがなかった場合の仮想価格とカルテルによって維持された価格との差額の割合（Overcharge。％で議論されることが多い）を乗ずることによって算定される。たとえば，Overchargeが10％であると仮定すると，関連売上高の10％が実損害額として計算され，さらにその3倍，すなわち30％が原告に支払われることになる。これに加えて，刑事罰金が科せられ，さらに訴訟対応費用を支払わなければならない。このように，米国独禁法は，違反者に対して厳しい金銭的負担を強いることにより，カルテル行為を抑止しているのである。

(2) 連帯責任（Joint and Several Liability）制度

　カルテルに参加した企業は，原告に対して連帯責任を負い，単独で原告が被った損害をすべて補償しなければならないとされている。

　たとえば，5社でカルテルを行い，各社は等しい割合で製品を販売していたとする。また，各社の米国における関連売上高がそれぞれ1億ドルであり，カルテルによるOverchargeが10％であるとしよう。

　この場合，各社が原告に実際に与えた損害は，それぞれ，1億ドルの10％の1000万ドルであるが，3倍賠償の適用により，各社それぞれ3000万ドルの損害賠償義務を負うことになる。これに加えて，原告は，どの社に対しても，当該カルテルによって受けた損害額すべてを請求することが可能となる。したがって，原告は，どの被告に対しても3000万ドル×5＝1億5000万ドルの損害賠償を請求することができる（もちろん，原告の回復額の総額が1億5000万ドルを超えることはないが，それをいずれかの被告1社に対して請求することも

できる)。したがって，この場合，カルテルに参加した企業は，自己が売り上げた金額よりも高額の損害金額を支払わなければならない可能性が出てくる。

(3) 求償の可否

　上記のケースにおいて，仮に，1億5000万ドルを原告に対してすべて支払った被告が，他の相被告に対して，各被告の寄与分について支払うよう請求すること（求償請求）が認められれば，実際の負担額は自己の関連売上高に基づく請求額のみとなる。上記のケースでは，各相被告に対して3000万ドルずつ求償請求をすることができれば，実際の負担額は3000万ドルとなる[10]。

　日本では，共同してカルテルを行った被告間での寄与分に基づく求償請求は認められているが，米国では，Texas Industries, Inc. 連邦最高裁判決において，このような被告間の求償請求は認められないとされた[11]。したがって，上記のケースで1億5000万ドルを原告に対して一度支払ってしまうと，相被告から寄与度分を求償するすべはなくなる。

　この制度は，和解との関連で非常に重要な意味を持つ。たとえば，上記のケースにおいて，共同被告5社のうち4社が，原告との間で，それぞれ1000万ドルで和解をしたとしよう。そうすると，原告は，最後に残された1社に対し，損害額の合計である1億5000万ドルからすでに和解金として回収した4000万ドルを控除した1億1000万ドルを請求することができ，残された被告がこれを支払った場合，他の4社に対して求償をすることができない。このように最後まで和解が成立しないことによるリスクが非常に大きいことから，各被告には早期和解のインセンティブが強く働くことになり，原告側もこれを交渉のレバレッジとして用いて，有利な和解条件を引き出そうとしてくるのである。

(4) 一部の州による重複請求の許容

　米国では，連邦法レベルにおいて独禁法が存在するとともに，各州において

---

[10] ただし，当該被告が相被告に対する債権回収リスクを負担することになり，被害者である原告ではなく被告に対してこのリスクを負わせることが連帯責任を負わせることの1つの意義であるといえる。

[11] Texas Industries, Inc. v. Radcliff Materials, Inc., 451 U.S. 630 (1981)

連邦法に類似する独禁法が存在している。クラスアクションにおいては，連邦法に基づく主張に加えて，州の独禁法に基づく請求がなされるケースが多い。

連邦法に基づく民事損害賠償請求では，カルテル行為によって直接損害を被った被害者，すなわち，カルテルの影響を受けた製品・サービスを直接購入した者による損害賠償のみが認められている（Illinois Brick 連邦最高裁判決）[12]。したがって，連邦法に基づく請求においては，直接購買者原告のみが損害賠償を請求することができ，間接購買者原告は訴訟を提起することができないはずである。

しかしながら，Illinois Brick 判決の効果を打ち消し，間接購買者原告に対して請求権を認める州法を立法している州が少なからず存在する（Illinois Brick Repealer States と呼ばれる）。このような立法をしている州においてクラスアクションを提起された場合，連邦法に基づく直接購買者原告による損害賠償請求および州法に基づく間接購買者原告による損害賠償請求が提起されることになる。この場合，理論上は，原告側が被った損害の総額を両者が分け合う，という関係になり，被告側が賠償すべき損害額の総額が増えるわけではないが，実際には，それぞれと別個に和解する必要が生じ和解コストが上がるなどの効果が発生する。

これらの制度の存在により，米国独禁法クラスアクションは，他の訴訟類型に比べて損害賠償額が高額になり，それに引きずられて和解額も必然的に高額になる。

4　MDL における併合審理

米国独禁法クラスアクションでは，典型的には DOJ による執行活動の公表が行われた直後，複数の原告弁護士が各州の裁判所に訴訟を提起し，これらのケースが1つの裁判所に併合される。Multidistrict Litigation（MDL）という手続であり，事実関係が共通な訴訟であれば併合されることが可能となる。併合が認められるか否かは，複数の裁判官から成るパネルの裁量に委ねられてい

12　Illinois Brick Co. v. Illinois, 431 U.S. 720（1977）

るが，近年の大規模独禁訴訟はMDLにおける併合がなされるケースが多いといえる。

　MDLの大きな特徴としては，訴訟の大型化・複雑化によって，手続の遅延が顕著となる点である。過去の米国独禁法訴訟を見ても，訴訟提起から最終的な解決まで10年程度かかるケースも珍しくない。長期化によって被告側が継続的に支払わなければならない訴訟費用が増大するため，被告側の和解へのインセンティブが大きくなり，これが原告側による濫訴を誘発している原因の1つとなっている。

5　損害額の大きさ

　上記のような特徴が存在することから，独禁法民事訴訟における損害賠償は大規模なものになりがちである。それでは，実際に被告となった日本企業はどの程度の損害額を原告に対して支払っているのであろうか。

　【図表9】は，米国におけるとある独禁法クラスアクションにおいて，被告となったある日本企業が民事訴訟における原告に対して支払った和解金額の総額を示した表である。また，同一の案件でDOJに対して支払った刑事罰金の額と比較している。

【図表9】　ある日本企業による民事・刑事事件における支払額

民事和解金	刑事罰金
DPP：約3000万ドル	約3000万ドル
IPP：約4000万ドル	
オプトアウト原告：合計約8000万ドル	
合計：約1億5000万ドル	

　会社が支払う金銭の多寡という観点からすると，民事訴訟における損害賠償金，和解金の合計のほうが刑事罰金を大きく上回ることがこの表からわかる。ただし，これはすべての案件が終了した後に振り返ってみるとわかることであり，突然DOJによる刑事調査に巻き込まれた日本企業は，どうしても目の前

にある事件の対応に追われてしまい，後に起こるであろう民事訴訟まで考えが回らないことが多いのはある程度仕方がないことかもしれない。しかしながら，上記の表を見れば，会社にとってDOJの刑事事件よりも金銭的なダメージが大きい民事訴訟への対応を軽視することはできず，可能な範囲で，後に起こり得る民事訴訟を見据えた戦略構築が必要になることがわかるだろう。

6 被告となった日本企業の獲得目標

　上記のような米国独禁法クラスアクションの特徴を踏まえ，被告となった日本企業としては，全体的な訴訟戦略をどのように構築すべきであろうか。より具体的に，米国独禁法クラスアクションでは，早期の和解を進めるべきであろうか，それとも，原告の主張を争って，勝訴を勝ち取ることを目標とすべきであろうか。

　3で説明した三倍額賠償，Joint and Several Liabilityの存在により，被告がトライアルで敗訴した場合の潜在的リスクは計り知れない額になる。したがって，米国クラスアクションにおいて被告となった場合には，最終的には和解をするケースが圧倒的に多い（独禁法クラスアクションにおいて和解が成立せずにトライアルが行われるのは全体の件数の数％にも満たないといわれている）。

　しかしながら，最初から和解するという意思決定に基づいて訴訟追行，和解交渉をしていくと，原告からは足元を見られてしまい，交渉のレバレッジを失い，有利な和解を引き出すことができない。したがって，最終的には和解を選択するとしても，訴訟の各局面において，トライアルに移行するかもしれないということを念頭に置き，原告と争うことが重要といえる。最終的には和解をするとしても，そこまでの道のりにハードルを作ることにより，原告からは御しがたい被告であるという印象を植え付け，有利な和解を引き出すことが最善の策である。

　また，もし仮に納得のいく和解内容が引き出せなければ，トライアルに移行することも最終的な選択肢としては残しておかざるを得ない（特に，当局による違反認定がなされておらず，違反行為の存在についても争う余地があるよう

な案件においては，トライアルまで争っていくことも，少なくとも選択肢の1つとして考えておく必要がある場合があろう）。最終的にトライアルに移行してもよいように，訴訟が提起された次の日からトライアルの日を見据えた訴訟活動を行っていく必要があろう。

以下では，筆者の経験等に基づきある程度の類型化を行い，各類型に当てはまる企業の取りうる戦略の概要を説明していきたい。案件ごとに事実関係は全て異なり，ケースバイケースの判断が求められるので，ここで記載した事情が当てはまらないケースも存在すると思われるが，1つの参考としてお読みいただきたい。

(1) リニエンシー申請者の場合

仮に被告となった日本企業が米国におけるリニエンシー申請者であった場合，原告への十分な協力を条件に，賠償額が大きく軽減されることから，原告に対して協力し，ACPERAに基づくメリットを享受したほうが合理的である場合が多い。また，仮に協力を決定した場合には，合理的な理由のない限り，原告に対する協力内容を制限すべきではないだろう。前述したとおり，「十分な協力」に該当するか否かはケースバイケースで判断され，共通の基準を見出すことは困難であるが，中途半端な協力をしてしまいACPERAに基づく利益を受けられなくなることは厳に避けなければならない。

ただし，原告側が主張する違反行為の内容が不合理でありACPERAのメリットを考慮してもなお争ったほうが合理的である，といった場合も考えられなくはない。たとえば，DOJに対して報告した違反内容の期間や商品範囲から大きく拡大した主張が原告からなされ，原告が主張する関連売上高が巨額になるような場合には，当該事実について争っていくことが考えられる。

また，協力のタイミングについても検討する必要がある。特に，DOJの調査が継続している段階で訴訟が提起された場合に，原告側への協力を開始すべきかは，慎重な考慮が必要であろう[13]。また，初期の段階では，原告側が誰が

---

13 なお，ACPERAの適用が否定された前述のIn re Aftermarket Automotive Lighting Prods. Antitrust Litigation（前掲注8）も，DOJによる調査が行われていた段階で民事訴訟が開始された事例である。

リニエンシー申請者であるか認識していない場合もあり，その場合に原告側に積極的なアプローチをすべきか否かも慎重に検討する必要がある。

(2) DOJによって違反認定されている場合

　米国クラスアクションの被告は，多くの場合，DOJとの間で司法取引を行い，DOJに対して違反事実をすでに認めている。そのような場合には，その後の民事訴訟において独禁法違反の事実があったことを争うことは難しくなる。したがって，すでに司法取引をしている被告は，早期に和解をして訴訟から離脱することがベストな戦略である場合が多い。

　しかしながら，以下のような事情がある場合，原告の主張どおりに早期の和解を得るよりも，訴訟を継続したほうがよい場合もある。

① 司法取引の範囲以上の違反行為の主張がなされた場合

　第1に，原告側が訴状において，被告が司法取引をした違反行為以上の主張をしている場合である。原告側としては，地理的範囲，商品範囲，期間などあらゆる観点から違反行為の範囲を拡大して主張することにより，回収可能な損害額を増額させようとするインセンティブがある。そのため，通常，原告の訴状では司法取引での認定範囲を超えた主張がなされる。その場合，司法取引の範囲外の行為については違反行為が認められないと主張し，損害の範囲の限定を主張していくことが重要である。

　たとえば，In re TFT-LCD（Flat Panel）Antitrust Litigationでは，被告企業がDOJとの間でTFT-LCDパネルの価格カルテルについて司法取引を行ったが，原告側は，TFT-LCDパネルのみならず，類似技術を使用した商品（STN-LCDパネル）についても価格カルテルを行ったとして訴訟を提起した。これに対して，裁判官は，TFT-LCDにおいて価格カルテルがあったという事実のみから他の類似商品における違反行為の存在を推定することはできないとして，その他具体的な事実主張がなかったSTN-LCDに関する主張を却下した[14]。

　このケースのように原告側が拡大した主張を行い，被告側がそのような事実関係を認識していない場合には，安易に原告との間で和解をすることなく，違

14　2010 WL 2629728（N.D. Cal. 2010）

反行為の範囲，ひいては和解金額の基礎となる売上高を限定する方向で交渉を行っていく必要があろう。そして，原告側が範囲の限定を認めない場合には，上記のケースのように，訴状却下の申立て，略式判決の申立てなどを利用し，原告側にプレッシャーをかけていく戦略が適当な場合が多いであろう。

② 損害について争う場合

独禁法上損害賠償が認められるためには，当該原告（クラスアクションであれば，原告が所属するクラス）が損害を被ったことを原告側が立証しなければならない。仮に司法取引に応じたために違反行為の存在について争うことができない場合であっても，原告に損害が生じていない，または原告に生じた損害は非常に軽微である，といった主張をすることができるのであれば，和解に応じずに争うことも考えられる。たとえば，原告が被った損害のほとんどが米国外で発生した，といったような場合には，たとえ違反行為の存在が明白であっても争う余地はある。また，間接購買者による損害賠償の場合，直接購買者が被った損害をどの程度転嫁したかが焦点となるが，カルテルがあろうがなかろうが直接購買者側が間接購買者に向けて販売した製品の価格は同じである（すなわち，カルテルによる損害を転嫁していない）という場合には，間接購買者には損害が発生していない，ということも十分考えられ，この点について争うことも考えられる。

ただし，違反行為が行われたことについて争いがない場合に，裁判所（陪審員）が，原告に損害がない，という理由によって請求を棄却することは稀であり，損害の額について争う余地はあるものの，最終的になんらかの損害が認められる可能性が高い。したがって，このような場合には，原告との和解交渉において，損害額について強い主張ができることを強調し，和解額の減額に努める，という方針が妥当な場合が多いであろう。

(3) 米国以外でのみ違反認定された場合

次の類型として，米国の独禁法当局による違反認定はされていないものの，米国以外の当局（日本の公取委や欧州委員会競争総局等）によって違反の事実が認定されているケースが考えられる。この場合に，原告弁護士が，米国以外の当局による発表文・決定文等で公表された事実に基づいて訴状を作成し，米

国の裁判所に訴訟提起することがある。このような場合にはどのような戦略をとるのがよいであろうか。

　重要な点は，他の当局によって違反認定された事案について，なぜ米国当局が違反認定をしなかったかを分析することである。たとえば，当該違反行為の対象から米国が外れていた，違反行為によって影響を受けた製品が米国に向けて販売されていなかった，といったような事実があるのであれば，米国民事訴訟においてこれらの事実に基づき争うことが考えられる。反対に，違反行為の証拠もあり，米国向けの影響もあるにもかかわらず，米国における当局捜査が行われなかった，または行われたにもかかわらず違反認定なしに調査が終了した，といったような場合には，仮に米国において違反が認定されていないとしても，民事訴訟において違反であると評価される可能性はあり得る。

　欧州委員会において違反行為が認定されたが，米国において司法取引が行われなかった事案について，被告による訴状却下の申立てが認められたものとして，In re Elevator Antitrust Litigation 控訴審判決がある[15]。本件では，エレベーターの販売およびそのメンテナンスサービスについて，被告企業が価格カルテルを行ったとして訴訟が提起された。原告側は，価格カルテルの存在を示すため，欧州委員会によって違反行為が認定された事実を主張した。これに対して裁判所は，欧州において違反行為が存在したことを主張するのみで，米国における違反行為とのつながりを主張していない原告の主張は不十分であるとして，訴状却下の申立てを認容した。本件では，対象市場の特徴として，世界的な市場ではなく地域ごとに市場が分かれているという認定がなされており，欧州における違反行為が米国を含めた全世界カルテルに必ずしもつながらないということから，訴状却下がなされている[16]。

　上記の判決からもわかるとおり，ケースバイケースの判断ではあるが，米国外における違反行為認定の事実は，米国とのつながりの主張・立証がない限り，米国民事訴訟との関係では中立的な事実であるといえる。したがって，米国外での違反認定がされているケースについては，当該行為は米国とは関係がない

---

[15] 502 F.3d 47 (2nd Cir. 2007).
[16] 同様に，カナダ当局による違反認定決定が米国における違反行為の立証とは関係ない，とした判決として，In re Chocolate Confectionary Antitrust Litigation（前掲注1）。

ことを説得的に主張し，争っていくという戦略も十分考えられる。

(4) いずれの当局からも違反認定されていない場合

　それでは，米国当局を含むいずれの当局からも違反認定がされていない場合にはどのような戦略構築をすべきであろうか。違反行為の存在が事実上推定されてしまう司法取引事案に比べ，被告としては争うことができる事実の範囲が広いことは確かである。しかしながら，当局が違反認定をしていないからといって，民事裁判において違反認定がなされないことが保証されるわけではない。民事訴訟での立証水準（証拠の優越）は，刑事事件における立証水準（合理的な疑いを超える程度の立証）に比べて低い。また，当局が有するリソースは限られているため，当局がすべての違反事件を立件するとは限らない[17]。したがって，当局が違反を認定しなかったとしても，民事訴訟において違反が認定され，敗訴する可能性は十分あることを認識する必要がある[18]。

　しかしながら，司法取引をした被告と比べ，被告が取りうる選択肢は広い。最終的に和解をするとしても，違反事実がないとの主張を交渉のレバレッジとして利用して有利に交渉を運ぶことも可能となり，また，原告との和解が成立しなくとも，最終的にはトライアルにおいて争う，という選択肢も考えられる。そのような中で，違反行為立証の可能性，証拠の強弱，敗訴した場合のリスク，訴訟追行に係るコスト等を総合的に考慮して，方針の決定をすべきであろう。

17　たとえば，In re High Fructose Corn Syrup Antitrust Litigation, 295 F.3d 651（7th. Cir. 2002）では，刑事事件と民事事件との違いに触れ，米国司法省が刑事事件として立件しなかったことは違反行為がなかったことの証拠として利用することはできない，として，被告による訴状却下の申立てを却下した。

18　刑事事件において違反認定はされなかったが，後の民事訴訟のトライアルにおいて，違反行為の存在が認定されたケースとして，In re TFT-LCD（Flat Panel）Antitrust Litigation（東芝）がある。

第4節

各訴訟手続における鍵となる戦略

　第3節では，米国独禁法訴訟の一般的な特徴およびそれを踏まえて日本企業としてどのような戦略を構築すべきかについて述べたが，本節では，訴訟の各段階において具体的に争いとなり得る論点について，どのような戦略をとることが可能かについて検討していきたい。

1　訴え提起段階

(1)　文書保全通知の発出（Litigation Hold）

　原告から訴訟提起がなされた場合，最初に行わなければならないのは，文書保全通知を関係者に配布・周知することである。米国訴訟においては，「訴訟の提起が想定される」（in anticipation of a litigation）段階を起点として，それ以降，当事者は関連する文書を保存する義務を負う。文書保全通知を関係者に発出することは，文書保全義務を果たすための第一歩となる[19]。文書保全義務を適切に果たさずに関連証拠が滅失した場合には，裁判所によるサンクション，不利な事実の認定などさまざまな不利益を被る可能性がある。したがって，文書保存通知を含めた文書の保存には細心の注意を払う必要がある。

　文書保全通知は，「訴訟の提起が想定される」段階に至った際に可能な限り早く行わなければならない。独禁法訴訟の場合には，先行するDOJによる調

19　文書保全通知を発することによって文書保全義務を守ったことになるのが通常であるが，個別の事案によって，従業員等による文書破棄などが懸念される特段の事情がある場合には，文書保全通知を発したうえで文書を保全するために適切な追加措置を講じる必要がある。

査に対応するために文書保全通知を発している場合が多い。しかしながら，DOJ による調査の範囲と訴訟の範囲が異なる場合も多い（特に，対象となる商品範囲および違反行為が行われた期間については，DOJ 調査と訴訟との範囲がずれている場合が多い）ことから，訴状を受け取った段階で，先に発出した文書保全通知の内容と訴状の内容を比較し，補完的な文書保全通知を発することを検討すべきであろう。

　文書保全通知を作成する際に重要なのは，後に原告から文書保全通知の不備を指摘され訴訟上不利にならないよう，保全範囲をなるべく広範囲にしておくことである。文書保全通知はあくまで従業員に対して関連する文書を保全すべきことを通知するためのものであり，保全範囲の文書をすべてレビューし，原告に対して提出しなければならないということではない。原告に提出すべき文書の範囲については，ディスカバリーが開始される際に原告との間の交渉によって決まることになる。したがって，保全範囲を広くすることによってディスカバリーの費用がただちに高額になるわけではなく，保守的に保全範囲を広くすることによる大きなデメリットはないといえる[20]。

　文書保全通知の作成に当たっては，外部弁護士に作成をさせるか，それともインハウスカウンセルが作成するかが論点となることがある。緊急の対応が求められ外部弁護士の関与が難しいような場合であれば，インハウスカウンセルが作成をして社内に配布するということも考えられるが，重大な結果をもたらすおそれのある保全漏れを防ぐためにも，同種案件について多くの経験を有する外部弁護士に作成を依頼することが無難であると思われる。しかし，文書保全通知を作成する上で，会社の文書保存状況，IT システムの概要などの事実関係を把握する必要があることから，会社の担当者としては，これらの事実を必要に応じて外部弁護士に正確に伝え，保全通知発出前に内容をしっかりと確認する必要がある。特に IT システム関連（たとえばメール，共有フォルダのバックアップ状況，メールの自動削除機能の有無および頻度など）については，会社によって取扱いが異なる場合が多く，注意が必要である。

20　守秘性の高い当局捜査の段階で発出する文書保全通知については，多数の従業員に保全通知を出すことにより守秘性を確保することが難しくなるという問題点があるものの，民事訴訟においてはそのような懸念は低い。

(2) 送達（Service）

　訴えを提起した原告は，訴状を被告に対して送達する必要がある。裁判所が主に訴状送達を担当する大陸法系の国とは異なり，米国の民事訴訟では，当事者（原告）が被告に対する送達を行わなければならない。

① 連邦民事訴訟規則上の原則

　連邦民事訴訟規則上，原告は，訴状を裁判所に提出し必要な手続を行った後，90日以内に被告に対して召喚状および訴状を送達しなければならないのが原則である[21]。しかしながら，被告が外国会社の場合には，90日の期限は適用されず[22]，以下で詳述するような特別な送達手続を経る必要がある。

> ★日本企業として検討すべきポイント—送達遅延による訴状却下
> 　外国会社に対する送達手続が相当程度遅延し，被告企業に対して不利益が発生した場合，当該被告企業としては，当該訴訟の却下を裁判所に求めることが可能である。独禁法クラスアクションでは多数の被告に対して訴訟が提起されることが通常であり，また，外国企業に対する送達は特別な手続を経なければならないことから，原告側訴訟代理人側のさまざまな事情により，訴状送達が遅延するケースは少なからず存在する。この場合，原告側の遅延について相当の理由が認められる場合には，訴訟の却下はせずに原告による訴訟追行を許すケースが大半であるが，相当の理由のない送達遅延として訴訟が却下されたケースも存在するため[23]日本企業としては，訴状却下を求めていくことを検討すべきであろう。

② ハーグ送達条約に基づく送達

　外国の裁判関係書類を自国民に対して送達する行為は公権力の行使であり，当該外国の裁判所の管轄権が及ばない場所に対する送達はできないのが原則である。このような厳格な管轄権行使の原則を是正するために，各国は多数国間

21　Federal Rules of Civil Procedure（FRCP）4(m)
22　前掲注21参照。
23　たとえば，Feliz v. MacNeill, 493 F. App'x 128（1st Cir. 2012）では，外国企業に対する送達に426日かかったケースについて，訴訟を却下した。また，日本企業に対する訴訟が送達の遅延により却下された例として，Allstate Ins. Co. v. Funai Corp., 249 F. R.D. 157（M.D. Pa. 2008）などがある。

または二国間で民事訴訟共助に関する条約を締結し，クロスボーダーで行われる民事訴訟の当事者による権利実現を可能にしている。

送達に関する代表的な多数国間条約として，送達に関するハーグ条約（ハーグ送達条約）があり，日本，米国いずれも締約国となっている。したがって，日本企業が米国で訴訟の被告となった際，米国の訴状の送達については同条約による手続に基づき行われる。送達の手続は煩雑であり，訴状の送達のみで数カ月かかることも珍しくない。

> ★日本企業として検討すべきポイント―条約上の送達拒否の活用
>
> ハーグ送達条約上，外国当事者が条約の手続に則って送達を行った場合，締約国はこれを拒否することはできないとされている[24]。しかしながら，当該送達を行うことが「締約国の主権……を害する」ような場合には，締約国が送達を拒否することができる[25]。被告となった日本企業としては，条約上一定の場合に許されている送達拒否を活用するか否かを検討することが考えられる。
>
> 送達拒否をすることができる主体はあくまで「締約国」であり，被告となった日本企業ではないものの，日本政府に対して働きかけをすることによって，送達を拒否してもらうことが考えられる。
>
> しかしながら，例外的な事情のない限り，特定の民事訴訟事件に係る訴状の送達が日本の主権侵害になると日本政府を説得するのはかなり難しいと考えられる。したがって，送達拒否が成功する可能性は低い。しかしながら，後述するディスカバリー対応においても日本国の主権侵害の可能性という要素が問題となる場面が存在し，訴訟におけるキーとなる可能性もある。そのような場合には，訴訟の初期段階である送達についての議論を通じて，適切な形で日本政府との関係を築いておくことが重要な場合もあろう。

---

24 ハーグ送達条約13条。
25 前掲注23参照。

(3) 管轄権の欠如

　米国外企業である日本企業に対して米国裁判所が管轄権を有さなければ，当該日本企業に対する訴訟追行を米国の裁判所で行うことはできない。すなわち，米国裁判所が米国外被告に対して人的管轄権（personal jurisdiction）を有することが訴訟の大前提となる。また，訴訟の対象によっては米国以外で訴訟を行うことが適切である場合もある（たとえば，訴訟の証人がすべて米国国外にいる，原告が被ったとされる被害のほとんどが米国外で発生している場合など）。そのような場合に，米国における連邦裁判所での訴訟追行は不適切であるからこれを却下すべき，との申立てを行うことも考えられる。

> ★日本企業として検討すべきポイント—管轄権の欠如に基づく訴状却下
> 　日本企業としては，訴状却下の申立ての際に，管轄権の欠如に関する主張をすることを検討すべきであろう[26]。特に，米国とのつながりが弱い会社については，人的管轄権を争う余地がある場合もある。
> 　しかしながら，米国外企業であるものの，米国について実質的な事業活動を行っている場合には，米国裁判所の管轄に自主的に服したと解釈され，人的管轄権の欠如を主張することは非常に難しい。要するに，米国でビジネスをしているのであるから，米国での訴訟リスクも甘受すべきである，という考え方である。事案に応じた検討を行い，他の事由に基づく訴状却下の申立ての際に追加的に主張することは考えられるが，管轄権がないことのみで訴訟から解放される可能性は低いといえるだろう。

(4) 米国独禁法の域外適用—FTAIA法

　日本企業が被告となる独禁法訴訟では，米国外で行われたカルテル，入札談合行為が対象となる場合が少なくない。このような場合，そもそも当該違反行為に対して米国法である反トラスト法が適用されるか否かが問題となり得る。また，当該違反行為によって影響を受けた取引の中に，米国と全く関係のない取引が含まれていた場合，当該取引の販売額について損害賠償の対象から除外

---

[26] 訴状却下の申立ての際に当該主張をしなかった場合には，被告側が管轄権に関する主張を放棄したものと解され，その後主張することができなくなる。

すべきである，と主張することも考えられる。いずれも広い意味で，米国独禁法の域外適用についての問題といえる。

米国における独禁法の域外適用の問題の多くは，米国独禁法の域外適用の限界を画する Foreign Trade Antitrust Improvements Act（FTAIA 法）によって規律されているが，規定内容が複雑かつあいまいであるために，さまざまな解釈上の問題を引き起こしている。

以下では，米国独禁法訴訟に巻き込まれた日本企業として直面しやすい問題を中心に，FTAIA 法についての解説をしていきたい。

① **FTAIA の概要およびその意義**

まず FTAIA 法の条文を確認しておきたい。

[The Sherman Act] shall not apply to conduct involving trade or commerce (other than import trade or import commerce) with foreign nations unless—

(1) such conduct has a direct, substantial, and reasonably foreseeable effect—

　(A) on trade or commerce which is not trade or commerce with foreign nations, or on import trade or import commerce with foreign nations; or

　(B) on export trade or export commerce with foreign nations, of a person engaged in such trade or commerce in the United States; and

(2) such effect gives rise to a claim under the provisions of [the Sherman Act].

　If [the Sherman Act applies] to such conduct only because of the operation of paragraph (1)(B), then [the Sherman Act] shall apply to such conduct only for injury to export business in the United States[27].

条文の構造が複雑になっており一見すると内容が理解しづらいものとなっているが，ごく簡単にまとめると，外国との取引について米国独禁法が適用されるのは，a) 米国への輸入取引の場合，または b) 米国に対して「直接，実質

27　15 U.S.C. §6a

的かつ合理的に予見できる効果(direct, substantial, and reasonably foreseeable effect)」が生じ、その効果に基づき「シャーマン法上の請求が成り立つ場合(gives rise to a claim under the provisions of the Sherman Act)」に限る、というルールになっている。要するに、米国独禁法は米国の消費者を保護することを目的としているのであって、外国との取引であっても、米国消費者への影響が存在する取引に対しては米国独禁法を適用する、ということになる。a)の米国への輸入取引については、米国消費者への悪影響が明らかである場合が多いが、b)の場合については、何が「直接、実質的かつ合理的に予見できる効果」であるのかは、司法解釈が分かれているところである。

② "direct, substantial, and reasonably foreseeable effect" の意味

米国独禁法の適用要件である「直接、実質的かつ合理的に予見できる効果」の解釈、特に効果が「直接」であることの意義については、控訴巡回区裁判所レベルにおいて以下の2つの考え方が対立している[28]。

(a) **少数説**—"immediate consequence" approach

第9控訴巡回区の裁判例では、「直接」の効果が発生するというためには、「被告の行為によって即時の結果として効果が発生する(An effect is direct if it follows as an immediate consequence of the defendant's activity)」ことが必要であるとされている[29]。この定義によると、被告の行為と米国に発生した効果との間に不確実な事象が存在し、それが効果発生に寄与したような場合には、「即時の結果(immediate consequence)」とはいえず、「直接」の効果ではないということになる。

(b) **多数説**—"reasonably proximate causal nexus" approach

(a)の考え方は「直接」の考え方をかなり限定的に解釈しており、行為の効果が実際に米国に発生しているものの、直接の効果ではないとして米国の独禁法が適用されないケースが出てくる。これは、海外の主権国家に対する国際礼譲

---

28 「実質的な効果」か否かについては、当該行為が米国にもたらした影響の強弱を検討するものであり、カルテル事件の場合には満たす場合が多いといえる。また、「合理的に予見できる効果」か否かについては、米国に向けた取引についてカルテルをしているのであれば当然満たすといえる。したがって、裁判では「直接」の解釈、適用が問題となる場合が多い。

29 たとえば、U.S. v. LSL Biotechnologies, 379 F.3d 672 (9th Cir. 2004)

と米国消費者の保護という2つの目的の調和を図ったFTAIA法の趣旨に反する（米国消費者保護が図られなくなる）として，複数の控訴巡回区裁判所が，「直接」の意味を広く捉える解釈を採用している。これらの裁判所では，「直接」とは，効果との間に「合理的な因果関係（reasonably proximate causal nexus）」がある場合をいうと解釈しており，この解釈が近時では有力となりつつある[30]。この解釈に基づいて，たとえば，米国外において供給量調整カルテルを行い，これが米国外製品の価格高を引き起こし，それに伴い米国外の価格をベンチマークとしていた米国価格の引上げが生じた案件において，カルテル行為と米国内の価格上昇効果との間に合理的な因果関係があり，「直接」の要件を満たすとされている[31]。

③ シャーマン法上の請求が成り立つ場合（gives rise to a claim under the provisions of the Sherman Act）

仮に対象となる行為が米国に対して「直接，実質的かつ合理的に予見できる効果」を有していたとしても，それによってシャーマン法上の請求が成り立たなければならない。この要件の存在によって，民事訴訟においては，米国への直接の効果があることのみならず，対象となる違反行為によって各原告が被った特定の損害を主張立証しなければならないとされている[32]。また，シャーマン法上，間接購買者については損害賠償請求権を有さない，すなわちシャーマン法上の請求が成り立たないことから，間接購買者による請求はFTAIA法により阻止されることになる（この点は次のMotorola Mobility LLC v. AU Optronics Corp.を特に参照されたい）。

★日本企業として検討すべきポイント—Motorola Mobility LLC v. AU Optronics Corp., 746 F.3d 842（7th Cir. 2014）とその後

日本企業としては，米国独禁法の域外適用を限定するFTAIA法に基づく主張を真剣に検討すべきであろう。争い方としては，米国への影響が全

---

30 たとえば，Minn-Chem, Inc. v. Agrium Inc., 683 F.3d 845（En banc：7th Cir. 2014）；Lotes Co. v. Hon Hai Precision Industry Co.（Foxconn）, 2014 WL 2487188（2d Cir. 2014）。なお，米国司法省も同様の見解に基づいて法執行を行っている。
31 Minn-Chem, Inc. v. Agrium Inc.の事案。
32 Lotes Co. v. Hon Hai Precision Industry Co.（Foxconn）

くない取引であるため、訴訟を棄却すべきである、という方法もあり得る。しかし、日本企業による取引であって全く米国に影響しないというケースは稀であり、また、上記の裁判例の傾向として、どちらかというとFTAIA法を限定的に解釈する（それにより独禁法の域外適用範囲を拡大する）方向に傾いていることが窺えるため、FTAIA法に基づいて訴訟の完全棄却を求めることは難しい場合が多いだろう。

　ただし、その場合であっても、訴訟の対象となっている取引を分類し、一部の取引について棄却を求めるという方法は十分検討に値する。米国連邦最高裁判決において、原告被告間の取引が米国・米国外のいずれにも影響を及ぼす場合、米国外への影響が「独立」している場合には、米国外部分については米国独禁法を域外適用することができないとされている。これにより、米国外にのみ影響のある特定の取引を切り離し、その部分については米国独禁法を適用しない（言い換えれば損害賠償の対象とはしない）ということが可能となっており、日本企業としてはこのような主張構築を積極的に検討すべきであろう。

　この点について、近時の重要判決である Motorola Mobility LLC v. AU Optronics Corp. が参考になるので、以下で紹介する。
≪Motorola Mobility LLC v. AU Optronics Corp., 746 F.3d 842 (7th Cir. 2014)≫
　事案：被告はLCDパネル（テレビや携帯電話の液晶ディスプレイを構成する部品）の製造業者であり、LCDパネルの価格を操作したとして、原告より訴訟を提起された。被告と原告との取引は以下の三種類に分けられる。すなわち、①被告の海外子会社がLCDパネルを製造し、原告の米国本社に対して当該LCDパネルを直接販売する取引、②被告の海外子会社が製造したLCDパネルを原告の海外子会社に対して販売し、当該海外子会社が当該LCDパネルを組み込んだ携帯電話を原告の米国本社に販売する取引、③被告の海外子会社が製造したLCDパネルを原告の海外子会社に販売し、当該海外子会社が製造した携帯電話を米国外に販売する取引、に分類される。
　第7控訴巡回区裁判所は、③の取引については、米国に対する影響は全

くないとして，当該分類に係る訴訟を棄却した原審の判断を支持した。また，②の取引については，米国への影響はあるものの，原告である Motorola Mobility は同社の子会社を通じて被告製品を購入しており，被告製品の直接の購買者ではないため，Illinois Brick 判決により連邦独禁法に基づく請求権を有さない。したがって，FTAIA 法の要件（such effect gives rise to a claim under the provisions of [the Sherman Act] の部分）を満たさないため，これを棄却した原審の判断を支持した。

　この判決により，①の請求は存続することになるものの，原告被告間の全体の取引の中で①が占める割合は約１％程度であり，被告としてはほぼ完全勝訴に近い判決となった。

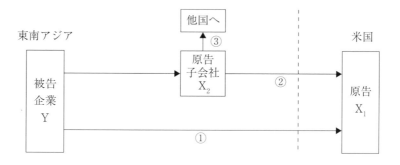

　日本企業としては，この Motorola 判決のように，各原告との間の取引内容を緻密に分析し，米国への直接の影響がない取引について排除していくことにより，損害賠償の対象となり得る関連売上高（Volume of Commerce）を減らしていくという防御方法を十分検討すべきであろう。

(5) 訴状却下の申立て（Motion to dismiss）

　連邦民事訴訟規則上，原告が訴状を提出し被告に送達した段階で，被告側が訴状却下の申立てを行うことができる。訴状却下の申立ては，ディスカバリーの手続を経ることなく訴訟を終結させることができるというメリットを有する。被告にとって，この段階で訴訟を却下することができれば，高額になりがちなディスカバリー費用などの訴訟費用をかけることなく訴訟から離脱でき，メ

リットは大きい[33]。

訴状却下の申立ての理由についてはさまざま存在し，これまでに述べてきた送達の不備，管轄権の欠如などについても訴状却下の申立ての際に主張することができる。しかし，本項で注目したいのは，訴状記載事実が不十分であることによる訴状却下の申立て（FRCP12(b)(6)）である。連邦民事訴訟規則上，訴状が「（裁判上の）救済が認められうる主張を記載していない（failure to state a claim upon which relief can be granted）」場合には，訴状却下が認められる。

当該条文に基づく訴状却下については過去にあまり認められていなかったが，2000年代中盤における独禁法民事訴訟事件の連邦最高裁判決[34]によって，訴状却下が認められる可能性が拡大したといわれ，その後の裁判例においても訴状却下が認められるケースが増えてきている。

以下では，訴状記載事実が不十分であることによる訴状却下の申立てについて概説し，日本企業としてどのように争っていくべきかについて検討していく。

① 背景：問題の所在

米国独禁法上，カルテルとして違法となるためには，価格，供給量等について，事業者間の「合意」が存在しなければならず，これについての主張立証責任は原告にある。そして，競争事業者が並行的に値上げをしたとしても，それ自体は独禁法に違反するものではないため，この事実のみを主張したとしても，独禁法上の請求が成り立つわけではない。

米国の訴訟では，原告側が合意の事実についての立証のための証拠を得るための強力な武器として，ディスカバリー手続が存在する。そこで，独禁法に基づくクラスアクションを提起する原告としては，訴状においてカルテルに係る具体的事実を十分記載せず，ディスカバリーに移行した段階で初めて提出証拠の内容に基づき被告の違反事実を把握するという対応をするケースも存在した。しかしながら，このような制度はクラスアクション原告弁護士による濫訴を招き，全く違法行為に関与していない会社であっても，訴訟に巻き込まれてディ

---

[33] ただし，訴状記載事実が不十分であるとの理由で訴状が却下された場合，裁判所が訴状の訂正を認める場合があり，その場合仮に原告側が追加事実調査によって十分な事実を記載した訴状を提出すれば，訴訟が継続する可能性は存在する。

[34] Bell Atlantic Corp. v. Twombly, 550 U.S. 544 (2007)

スカバリーに対応することが強制され，莫大なコストをかけて証拠提出をしなければならなくなるという弊害が生じていた。また，そのようなコストを避けるためだけに原告との間で和解をしなければならなくなり，これが原告弁護士による濫訴を助長する，という悪循環に陥っていた。

このような悪循環を断ち切るために，根拠が全くないような訴訟提起行為に対して，ディスカバリーに移行することなく訴状提起段階で訴訟を却下する手段が訴状却下の申立て（Motion to Dismiss）である。しかしながら，従来の解釈では，訴状に記載されている内容に基づいて原告が救済を受けられる可能性が全くないような場合にのみ訴状却下が認められていた[35]。この基準に基づけば，独禁法クラスアクション訴訟において，たとえば，ある商品・役務について協調的な価格設定行為が行われているという事実のみを主張すれば，当該主張はカルテルの合意が存在することと矛盾しない（すなわち原告が救済を受けられる可能性がある）ことから，訴状却下を免れることができることになる。

このように，被告にとってディスカバリー前の唯一の救済手段である訴状却下の申立てを活用することもできず，訴訟の被告としては，FTAIA法その他の論点に基づいて訴訟の早期解決を求めることしかできなかった。

② Bell Atlantic Corp. v. Twombly, 550 U.S. 544（2007）とその後

上記のような懸念に対して，連邦最高裁は2007年の Twonbly 判決において，従前の最高裁判例を変更した。Twonbly は独禁法クラスアクションに係る事案であるため，独禁法クラスアクションにおいてどの程度の事実を訴状に記載しなければ訴状が却下されるかについての先例として注目されている。

同判決は，上記で述べたような（特に独禁法クラスアクション訴訟における）ディスカバリーの費用負担，それに伴う濫訴行為の横行についての問題があることを指摘し，訴状記載の事実に基づけばカルテルの合意の存在が「現実的（plausible）」といえるレベルに達していなければ訴状段階で却下されるべきであるとの判断を示した。これによって，その後の独禁法クラスアクションにおける訴状では，並行的な価格上昇，単なる競争の欠如などの事実を主張するのみでは足りず，合意の存在を推認することができる積極事実を主張しなければ

---

[35] Conley v. Gibson, 78 S.Ct. 99（1957）

ならないこととなった。

　本連邦最高裁判決は，独禁民事訴訟における最も重要な判決の1つであると位置付けられるが，この判決の射程については考え方が分かれている。本判決によって訴状却下の申立てが認容される可能性が高まり，独禁訴訟における訴状却下活用の幅が広がったという立場は素直な考え方であろうが，他方でTwonbly連邦最高裁判決はplausibilityという一般的な規範を定立しただけであり，どのような事実に基づけばカルテル合意の存在がもっともらしいといえるかについては，下級審の認定に委ねられているという考え方もあろう。

　このような観点から1つ注目されるのが，Twonbly後に出されたIn re Text Messaging Antitrust Litigation[36]である[37]。同判決では，DOJによる違反認定が先行したわけではなく，並行的な値上げが行われていた事案で，原告側が主張した周辺事実（市場構造が寡占化しておりカルテル合意が行われやすい構造にあること，コストが減少している中で価格を上げることができていたこと，被告企業が業界団体に所属をしていたことなど）に基づけば，カルテル合意の存在が「現実的」と言い得るとして，訴え却下の申立てを棄却した。このような下級審判決の動向から，Twonbly後であっても訴状却下を回避することは原告にとってそれほど困難となっていないと考えられている。

★日本企業として検討すべきポイント

　上記のとおり，Twonbly判決によって訴状却下の申立てが認められる範囲が広がっており，被告となった日本企業としてもこれを積極的に活用すべきであろう。しかしながら，置かれている状況によって活用方法が大きく異なることに注意すべきであろう。

　前述したとおり，近時の独禁法クラスアクションが提起される事案のほとんどは，米国当局によって何らかの執行活動が行われた後に提起されている。この場合，たとえばDOJとの間で司法取引合意を行った被告企業については，原告側が被告による司法取引の存在を主張しさえすれば，カルテルの合意があったことは推認され，「現実的」といえるレベルに当然

---

[36] 630 F.3d 622（7th Cir. 2010）
[37] 独禁法の専門家でありシカゴ大学教授でもあるポズナー控訴巡回区判事による意見であり，影響力が大きい判決であるといわれている。

達することから，訴状レベルで却下されることはまずない。ただし，この場合であっても，前述のとおり，原告側は司法取引で企業が認めた範囲以上の主張をしてくることが多いので，司法取引が行われていない範囲においては，Twonblyに基づく訴状却下を求めていくことは可能であると思われる。しかしながら，たとえば同一の商品に係るカルテルについて，司法合意の範囲の期間よりも長期間合意が存在したと原告側が主張していた場合，裁判官としては，司法合意の存在のみからカルテル合意が対象期間外でも継続していたと推認することが通常であり，これに基づき訴状却下を求めるのはかなり困難であろう。

また，当該被告企業は司法取引をしていないが同一商品について競合他社が司法取引をしており，クラスアクション訴訟に巻き込まれたというケースにおいては，Twonblyに基づく訴状却下を求めていくことは十分考えられる。しかしながら，裁判官は，刑事事件と民事事件との立証基準の違い等を考慮に入れたうえで，他社が司法取引を行っており，当該他社との情報交換等の接触の事実が訴状において主張されている場合には，訴状レベルの却下には消極的である[38]。

さらに，米国における執行活動はないものの，海外の執行活動が存在することのみによって米国のクラスアクション訴訟が提起された場合には，海外での違反行為は米国での行為を推認しないと主張し，訴状却下を求めていくことを検討すべきであろう。前述のIn re Elevator Antitrust Litigation控訴審判決は，まさにこのような主張に基づく訴状却下の申立てが認められた事例である。

このように，司法取引などの当局執行活動が先行することが多い最近のクラスアクション訴訟では，Twonbly判決が示したplausibility基準に基づく訴状却下の申立てが認められることはそれほど多くない。ただし，（弁護士費用が多少かかるという以外に）訴状却下申立てを行うことによる特段のデメリットは存在せず，原告側にプレッシャーをかけるという意味でも，同申立てを活用しない手はないだろう。

---

[38] たとえば，In re Automotive Parts Antitrust Litigation, 2013 WL 2456584（E.D.Mi. 2013）。

> **コラム** Rule 11 サンクション—弁護士の事実調査義務

　上記のとおり，Twonbly 判決後，原告（原告弁護士）は，訴状において，独禁法違反行為の存在が現実的（Plausible）といえる事実関係を主張しなければ，訴状却下となる。しかし，この訴状要件を満たしてディスカバリーに進むため，原告弁護士が事実調査をせずに勝手に Plausible な事実を訴状に記載し，これによって訴状却下を免れディスカバリーに進む，という方法を採る危険性が存在する。

　連邦民事訴訟規則は，当事者のみならず，訴訟に係る不当行為に関与した弁護士に対して制裁を科すことができる規定を置くことによって，上記のような弁護士による不当訴訟追行行為を抑止している。すなわち，訴状を起案した弁護士に対して，当該訴状に署名をすることを義務付け，その署名によって，訴状記載の事実主張については，証拠の裏づけがあるか，ディスカバリーによって証拠を得ることができる可能性が高いということを裁判所に対して表明することとなる。そして，その表明に反する訴状が裁判所に提出されたことがわかった場合，裁判所は，当該弁護士に対して制裁をすることが可能となっている（いわゆる Rule 11 サンクションと呼ばれるものである）[39]。

　このような制裁の可能性により，原告側が訴状を記載する際には，証拠の裏づけまたはその合理的可能性が存在するかについて常に考慮しなければならず，これにより，上記のような原告弁護士による不当行為を抑止しているのである。

2 ディスカバリー段階

　訴状却下の申立てが却下された場合（またはそもそも申立てを行わなかった場合），被告側は，訴状記載の事実について認否を記載した答弁書（Answer と呼ばれる）を提出する。それを提出した後，裁判官および両当事者間でディスカバリーの諸手続について議論し，決定する打合せ（ルール26(f)カンファレンスと呼ばれる）[40]が行われ，その後ディスカバリーが開始される。

　すでに述べたとおり，米国におけるディスカバリーの範囲はかなり広く，訴訟の対象となっている事実と「関連する」書類についてはすべて提出すること

39　FRCP11(b)
40　FRCP26(f)

が求められる。ただし，訴訟との関係で不必要な書類を提出する必要はなく，また，開示の必要性に比して提出に必要となるコストが高い場合などは，提出を拒否していくことが考えられる。ディスカバリー手続では，裁判所の関与は限定的であり，原告との間の交渉によって開示範囲が決まるが，交渉が決裂した場合には裁判所において規則の解釈や判例法に基づいた議論を行い，提出の範囲をできる限り狭めていく努力をしていく必要がある。

以下では，ディスカバリーにおいて原告のリクエストの対象を限定し，いかに提出の範囲を狭めていくかという観点から主張できる論点について詳細に説明していく。提出の範囲を狭めることができれば，ディスカバリー対応にかかる費用を抑えることができ，また，原告側が違反行為の立証に利用することができる証拠が少なくなるため，いかにディスカバリーの範囲を限定するかが被告となった日本企業にとっては重要となろう。

(1) ディスカバリーの範囲

前述のとおり，ディスカバリーにはさまざまな種類があり，デポジションなどの人証も対象となるが，被告企業の頭を悩ませるのは文書・データの提出であろう。特にe-discoveryに関する連邦民事訴訟規則の改正によって，企業のディスカバリーの負担がより一層重くなったと指摘されている。

連邦民事訴訟規則上，ディスカバリーは，当事者の主張に「関連する」（relevant to any party's claim or defense）もので，提出対象外証拠（秘匿特権の対象となる証拠など）を除いたすべての文書が対象となりうる[41]。したがって，原告としては，関連性さえ主張すれば当該文書の提出を義務付けることができる。独禁法クラスアクションにおける原告側は，当該規定に基づき，非常に広範囲の文書を提出するよう求め，被告側に不必要なコストをかけさせることにより，仮に違反行為への関与がないと被告側が考えていたとしても，多少の和解金を支払ってでも訴訟を終結させたいというインセンティブが働き，結果として原告が少なくない和解金を得るという事案が多く存在する。

---

[41] FRCP26(b)

(2) 比例原則（Proportionality）に基づく制限（改正連邦民事訴訟規則において導入）

上記のような弊害を解消するために，ディスカバリーに関する紛争を解決する裁判官としては，被告による膨大なディスカバリー要求に対して合理的な範囲に限定することを求めてきた。そして，2015年12月に施行された改正連邦民事訴訟規則では，比例原則（proportionality）に基づいてディスカバリーの範囲が限定されることが明記された。これにより，ディスカバリーの対象として認められるためには，

① 当該訴訟における当事者の主張に関連するものであること
② 提出対象外証拠ではないこと
③ 提出証拠に関連する主張の重要性，訴訟の対象となる額，当該証拠がもたらす価値が提出に際して必要となるコストを上回るか否か等，事案における必要性と比例した証拠であること[42]

が必要となる（③の要件が2015年に新設された）。

当該ディスカバリーが比例的（Proportional）であるか否かについては，以下の要素を考慮するものと規定されている。

① 対象となっている論点の重要性
② 訴訟の対象となっている額
③ 当事者のリソース
④ 各当事者の情報へのアクセスの容易さ
⑤ 当該論点を解決する際のディスカバリーの重要性
⑥ 当該証拠がもたらす可能性のある価値が提案されたディスカバリーのコストを上回るか否か

被告となった日本企業としては，新設された③の要件を最大限活用し，ディ

---

[42] FRCP26(b)(1) "proportional to the needs of the case, considering the importance of the issues at stake in the action, the amount in controversy, the parties' relative access to relevant information, the parties' resources, the important of the discovery in resolving the issues, and whether the burden or expense of the proposed discovery outweighs its likely benefit"

スカバリーの対象を絞る努力をすべきであろう。特に，原告から非常に広範囲なリクエストが来た場合には，比例原則を満たさないとして反論をして，合理的な範囲に提出対象を絞るよう要請し，原告側が聞き入れない場合には裁判官に対して限定を求めていくことになろう。すでに新設された比例原則に基づいてディスカバリーの範囲を限定するような決定が出始めてきているところ，今後の活用方法に注目が集まっている。

> **コラム　AIを用いたドキュメントレビュー**
>
> 　ディスカバリー対応において１番コストがかかる部分が弁護士によるレビューであろう。通常のレビュー方法は，①対象のドキュメントをキーワード等によって抽出し，②レビューの対象となる膨大な資料をドキュメントレビューベンダーが１次レビューをして絞り込みを行い，②法律事務所において文書レビューを専門としているStaff Attorneyが２次レビューをして絞り込みを行い，③このプロセスを経て絞り込まれた文書についてのみ事件を担当する弁護士が確認するということになる。
>
> 　最近では，人工知能（AI），機械学習（Machine learning）を利用した機械によるレビューを用いることにより，これらのプロセスをより効率的に行うことができる。これは，まず，膨大な文書のうちの一部を担当弁護士がレビューをして関連性を判断し，そのデータをAIが学習をしてすべてのデータに適用することにより，訴訟に関連する文書のみを抽出する方法である。
>
> 　上記のような取組みは，Technology-Assisted Review（TAR）とも呼ばれ，ディスカバリーコストが膨大となる米国民事訴訟においても徐々に利用されてきている。裁判例においても，上記のようなTARによる関連文書の絞り込みが合理的であるとの判断がなされた案件も出てきており[43]，今後の動向が注目される。

(3) 刑事手続提出書類

　独禁法クラスアクションにおいて原告が最もほしがる文書の１つとして，DOJによる捜査の過程で被告企業が提出した書類がある。これらの書類は原

---

[43] たとえば，Rio Tinto PLC v. Vale S.A., 306F.R.D.125 (S.D.N.Y. 2015) の意見では，「提出義務者が文書のレビューにおいてTARを活用したいとの立場を示した場合には，裁判所はこれを許容することになる」としている。

告が違反事実を立証するためには必要不可欠な証拠であり，原告側も，「DOJ に提出した書類一式」といったリクエストをすることが通常である。

　このような証拠は，①原告側の主張に関連する証拠であり，②秘匿特権の対象にならず，③違反行為の立証にとっての必要性が非常に高く，すでに提出済みの証拠一式であり被告側の負担も重くないことから，許容されるディスカバリーの範囲内の正当な要求といえ，クラスアクションにおいては通常提出されている。しかしながら，DOJ による刑事捜査は秘密裡に行われるものであり，刑事手続に係る証拠を提出することで DOJ による捜査の密行性を害さないかが問題となる。また，DOJ の捜査の対象とはなったものの，違反が認定されず捜査が終了したような場合にも，その過程で DOJ に提出した証拠を原告に提出しなければならないか否かについては議論の余地がある。以下では，DOJ 提出証拠の提出の要否についての諸問題を議論する。

　米国の刑事捜査では，捜査当局が大陪審に対して強制調査を行うための捜査令状を発出するよう要求し，大陪審がこれを認めた場合には，強制調査が開始される。大陪審による刑事捜査については，連邦刑事訴訟規則上秘匿性が求められており，DOJ および捜査対象者は，「大陪審において行われている事項（"Matters Occurring Before the Grand Jury"）」を第三者に対して開示してはならないとされている。このことから，刑事捜査に関して提出した証拠についても，上記の秘匿義務が課せられ，民事訴訟の原告という第三者に対して提出することはできない，と主張することが考えられる。

　しかしながら，これまでの裁判例はこのような主張を否定的に解する傾向にある。たとえば，In re Graphics Processing Units Antitrust Litigation[44]は，大陪審捜査において提出した文書を民事訴訟において開示することは，大陪審の刑事捜査において何が行われているのかを開示するわけではなく，あくまで大陪審捜査開始の段階ですでに存在した文書それ自体を開示するだけであり，大陪審捜査の秘匿性に違反することはないとしている。

★日本企業として検討すべきポイント
　上記のとおり裁判例は否定的であるが，大陪審捜査において提供した文

44　2007 WL 2127577（N.D.Cal. 2007）

書それ自体が秘密扱いされるわけではないものの，提出文書一式を原告に開示することによって，大陪審による捜査の関心事等が明らかにされてしまうリスクがあり，連邦刑事訴訟規則上求められている秘匿性に反するとして，当該事案に即した主張を展開することも考えられる。また，控訴審裁判例において，原告が大陪審に対して提供した資料の一式を受領しなければならない特段の理由を主張しない限り自動的な開示は妨げられるべきであると判示したものも存在することから，主張の余地は残されていると考えられる。原告によるディスカバリー要求に対するハードルを1つでも作っていくという意味においても，事案によってはこのような主張をしていくことも考えられるであろう。

また，刑事手続において違反が認定され司法取引が公表されているケースと，違反が認定されていないが民事訴訟が提起されているケースでは，大陪審提出文書の取扱いが異なると主張する余地も残されていると考えられる。刑事手続において違反認定がされていない日本企業においては，ディスカバリーにおける争いにおいてもそのポジションを最大限に有効活用する方法を考慮すべきであり，刑事手続における文書の開示も同様に解するべきであろう。

(4) 米国外の独禁法当局に対して提出した文書の取扱い

国際カルテルの事案では，内部調査で違反行為が行われたことが明らかになった場合には，米国のみならず，各国当局に対してリニエンシー申請をすることによって全体の制裁金額を減らすという戦略がとられることが多い。その場合，米国外当局（たとえば，欧州委員会および日本の公取委など）に対してリニエンシー申請をした際に提出した証拠について，米国民事訴訟の原告に対して開示しなければならないかが問題となる[45]。また，より一般的に，米国外

---

[45] なお，各国の独禁法において，米国におけるディスカバリーでの提出義務を見据えた手当をしている場合がある。たとえば，日本においては，リニエンシーの際に，違反行為についての概要を記載しなければならない様式第2号の提出を義務付けられるが，提出の際，一部の記載については口頭で報告を行うことが認められている（減免規則3条2項）。各国当局としては，後に米国の民事訴訟において開示がなされる可能性がある

第4節　各訴訟手続における鍵となる戦略

当局による調査の過程で提出された証拠資料について，これを民事訴訟において提出しなければならないか否かも問題となる。

① リニエンシー申請に係る提出文書の開示可能性[46]

米国では，DOJ が捜査を行ったケースにおいて，リニエンシー申請者が DOJ に提出した資料のうち，DOJ との間のコミュニケーションを示した資料については，その開示を控えるべきであるとの立場をとっており，このようなリクエストを受けて，裁判所側も，リニエンシー申請者と DOJ との間のコミュニケーションに係る資料についてはディスカバリーの対象外であると判断することになる。

では，DOJ ではなく，米国外当局に対するリニエンシー申請に係る書類についてはどうであろうか。たとえば，ある国際カルテルに関連して，日本の公取委に対してリニエンシー申請を行った日本企業が，同一事案について米国で民事訴訟の被告となった場合，原告側から，日本に提出したリニエンシー資料の一式を提出するよう求める場合がある。このような場合に，被告企業は他国に提出したリニエンシー資料を米国民事訴訟の原告に対して提出しなければならなくなるのであろうか[47]。

この点について，米国外当局は，リニエンシー申請書類が米国民事訴訟で開示されることにより，将来のリニエンシー申請が妨げられ，当局調査に重大な悪影響が及ぶ可能性があるとして，米国民事訴訟におけるリニエンシー資料の開示に反対してきており，米国裁判所もこのような競争法当局からの意見を尊重し，開示の範囲を限定する対応をしてきている。

最近では，In re TFT-LCD（Flat Panel）Antitrust Litigation において，被告企業が日本の公取委および欧州委員会に提出したリニエンシー申請書類について，開示の範囲内であるか否かを担当裁判官が判断するインカメラ手続に付

　　ことが理由となりリニエンシー申請が妨げられることは避けたいと考え，このような規定を置いている場合が多い。

46　In re TFT-LCD (Flat Panel) Antitrust Litigation, 07-MD-1827 Doc. No. 2686 (N.D.Cal. 2011)

47　同様の問題は，日本の公取委に対するリニエンシー資料のみならず，他の米国外当局（よく問題となるのは欧州委員会）に対して提出したリニエンシー資料についても問題となる。

す決定をしたところ，これに対して被告企業が異議を唱えた例がある。当該事案では，日本の公取委より，審査局長名でのレターが裁判官に対して送付され，当該レターにおいて公取委は，リニエンシー申請書類についてインカメラ手続に付すことによって「リニエンシー制度の円滑な運用が阻害される可能性がある」として，開示に反対する意見を表明した。本件の担当裁判官は，公取委からの意見等を考慮した上で，インカメラ手続には付さず，リニエンシー申請書類の非開示を決定した。

したがって，原告から米国外当局に提出したリニエンシー申請書類の提出を求められたリニエンシー申請者は，これを拒否し，必要に応じて，提出先の競争法当局からの意見を受領し，それを裁判所に提出していくなどの防御活動を行っていく必要があるだろう。

ただし，仮に被告企業が米国においてアムネスティ申請をした場合，前述したとおりACPERA上の利益措置を受けるためには原告に対して一定の協力義務を負うため，リニエンシー申請の際のDOJとのコミュニケーションを示した資料以外で，行為時に作成されていたカルテルの存在を立証するための証拠書類（たとえば，競合他社間の会議の議事録，Eメール等）については，提出をしていく必要が出てくるだろう。

(5) 日本に所在する証拠の提出

これまで，文書の内容に着目し，開示の範囲を絞るための防御方法を検討してきたが，本項では少し視点を変えて，文書等の証拠が所在する場所に基づく防御方法について検討していきたい。

米国の民事訴訟における証拠開示において，原告から日本に所在する文書についての開示を求められることがある。米国訴訟における文書開示は，米国裁判所という米国の公的機関からの要求であり，日本国が管轄権を有する日本の領域内に存在する文書の提出を強制する行為は日本の主権を侵害するのではないか，という問題がある。筆者の経験上，このような問題に直面した日本企業は，米国裁判所における証拠開示義務違反に基づくサンクションが非常に強いことを理由として，最終的には日本に所在する文書の提出に応じている場合が多い。しかしながら，場合によっては，日本に所在する証拠の提出を拒否でき

るのではないかといった問題意識や，原告とのディスカバリー範囲の交渉において，日本における文書の提出範囲を狭めるように交渉するための材料がないかといった点について，しっかりと検討をしていく必要があると考えられる。
以下では，日本に所在する文書の提出，日本に所在する従業員のデポジションについて，これを拒む法的根拠はないか，拒めないとして，これを限定的にするよう主張する余地がないか，について検討していく。

① 条約上の手当て

国際的な民事訴訟が起こった場合に生じるさまざまな問題について，国家間で条約上の手当てがなされている場合がある。民事訴訟手続に関して日米間で適用のある条約は，a）ハーグ送達条約および，b）日米領事条約のみである[48]。そのうち，本節で問題となる証拠収集に関して適用があるのは，b）日米領事条約の一部のみである。

日米領事条約では，主に人証の取調べ（デポジション）に関して，厳格な手続に従って日本の総領事館（東京および大阪）において，日本国民のデポジションを行うことができるとしている。一方，証拠文書については特に規定はなく，領事条約に基づき日本に所在する文書を米国民事訴訟のために提出させる手続は存在しない。

また，仮に条約という枠組みがなくとも，両国間において，個別事案における共助について合意することがある。その場合に，日本側は，国内法である「外国裁判所ノ嘱託ニ因ル共助法」に基づいて必要な共助を提供することが可能であるが，この法律においても，人証の取調べを想定した規定が置かれているのみであり，日本に所在する文書を米国裁判所に提出することを想定したような規定は存在しない。

以上をまとめると，日米間の国際的取決めの中で，民事訴訟における文書証拠の収集についての共助を定めた規定は存在せず，人証（デポジション）については限定的に規定を置いている日米領事条約が存在するのみとなっている。

---

[48] 民事訴訟における司法共助条約には，これらの他に，①民事訴訟手続に関するハーグ条約，②民事または商事に関する証拠の収集に関するハーグ条約（ハーグ証拠調べ条約）等が存在するが，日本・米国両国がそろって締約国となっているわけではなく，日本企業による米国訴訟には適用がない。

第5章　米国独禁法訴訟—クラスアクション

② 連邦民事訴訟規則に基づくアプローチ

上記のとおり，日米間で文書証拠収集に係る取決めが存在しないことをどのように捉えるべきであるかが問題となる。条約等の二国間の取決めがなされていない以上，米国の裁判所が日本に所在する文書の提出を求めることは，日本の主権を侵害することになり許されない，と考えることもできる。しかしながら，米国裁判所は，被告となっている外国企業が米国裁判所の管轄権に服している限り，連邦民事訴訟法上，提出を求められる文書の所在による制限は特にないことから，原則として米国外に所在する文書の提出を求めることは可能であり，提出の義務付けによる対象国の主権侵害については，当該国の主権侵害という不利益の度合いと提出の義務付けによって達成される米国訴訟における真実の発見という利益の度合いとを比較衡量し，後者の利益が勝る場合には提出を義務付ける，という判断枠組みを提示している。

日本との関係ではないが，この点が問題となった米国連邦最高裁判決がSociete Nationale Industrielle Aerospatiale v. United States Dist. Court for S. Dist. of Iowaである[49]。本件では，原告が，フランス企業である被告に対して，フランスに所在する文書の提出を求めた。これに対して被告企業は，米国・フランスともにハーグ証拠調べ条約の締約国であり，原告側がフランスに所在する証拠を収集するためには同条約に基づく手続を履践しなければならないと主張した。連邦最高裁は，a）ハーグ証拠調べ条約は国外における証拠収集に関して排他的な手続を規定したわけではなく，連邦民事訴訟規則に基づくディスカバリーに基づき国外における証拠を収集することが可能であること，b）連邦民事訴訟規則に基づくディスカバリーが認められるか否かの判断において，裁判所は，本件の事実関係（要求されているディスカバリーの範囲の広範さ等），フランスの主権侵害の程度，条約に基づく措置が効果的であるか否かを総合的に考慮しなければならないと判示した。そのうえで，条約上の手続に基づく証拠収集を義務付けて通常のディスカバリー請求を却下した控訴審決定を破棄した。

Aerospatiale判決は，ハーグ証拠調べ条約の締約国間での紛争であり，日本

49　482 U.S. 522 (1987)

は同条約の締約国ではないことから、日本における文書の提出の可否については、Aerospatiale 判決が適用されるかについて議論の余地があった。この点について、日本企業が被告となった独禁法民事訴訟である In re Vitamins Antitrust Litigation[50]では、Aerospatiale 判決が直接日本企業に適用されないとした上で、考慮要素としては Aerospatiale 判決と同様のものを採用している。

> ★日本企業が検討すべきポイント
>
> 　上記のとおり、現在の判例法上、日本に所在する文書の提出を完全に拒むことは難しいといえる。しかし、だからといって日本所在の文書をすべて提出しなければならない義務が必ず課せられるということではない。上記判例において示されているとおり、日本所在文書に対するディスカバリーが認められるかを決める要素として、ディスカバリーの範囲が広範であるか否かが挙げられている。被告企業としては、原告との間でディスカバリーの範囲を交渉するに当たり、米国外に所在する文書であることを理由として、ディスカバリーの範囲を絞り込むための交渉をしていくことが考えられる。特に、今般の連邦民事訴訟規則の改正において比例原則（Proportionality）の要件が追加されており、米国外の文書の提出に際してはコスト・労力が追加的にかかることを理由の1つとして挙げて、原告との間で提出範囲を限定する方向での交渉を行っていく、必要があれば裁判官や Special Master に対して法的主張をしていくことを検討すべきであろう。

(6) デポジション

　デポジションとは、当該訴訟の対象となっている事実関係について知識を有しており、訴訟がトライアルまで進んだ場合に証人として証言する可能性のある者に対して事前に尋問を行う手続である。独禁法違反行為は密室で行われ、書面上の証拠が残っていない場合も多いことから、カルテル等に参加したとされる役職員の証言は重要な証拠となる。また、トライアルに移行した場合、陪審員に対する働きかけが強いのは法廷での証言であり、その意味でも独禁法ク

50　2001 WL 1049433（D.D.C.）

ラスアクションにおいて供述証拠の重要性が占める役割は大きい。

　ここでは，デポジションに関連して日本企業として問題となることが多い論点について検討をしていきたい。特に，米国においてデポジションを行うか，日本において行うかについては，戦略的にも極めて重要な点であり，ディスカバリーにおける原告との交渉の重要なポイントの1つとなっている。

　連邦民事訴訟規則上，①訴訟の対象となる事実関係ではなく，会社の組織等一般的事項について会社の役職員に対して行われる30b6デポジション，②訴訟の対象となっている事実関係について知識を有する者に対して行われるデポジションの2種類が存在する。このうち，訴訟の帰趨を左右しうるのは②のデポジションであり，案件を担当する弁護士との間で万全の対策をとる必要がある。

　連邦民事訴訟規則上，1つの訴訟につき10名のデポジションは認められるが，当事者の合意または裁判所の決定によってそれ以上の数のデポジションを行うことも可能である。また，デポジション1回の制限時間が7時間と決められるケースが多いが，通訳を介する場合には，その倍の14時間となり，2日間にわたって行われることが多い（制限時間についても当事者間の合意または裁判所の決定によって変更することが可能である）。

　デポジションはビデオ撮影がなされる可能性が高く，後にトライアルにおいて再生され，陪審員が供述態度を含めた内容確認をすることができるようになっている。

★日本企業が検討すべきポイント①―デポジションの場所について

　連邦民事訴訟規則上，被告企業の役職員に対してデポジションを行う場合には，当該企業が所在する住所地においてデポジションがなされることが原則である。したがって，日本企業が被告の場合には，原則として，日本においてデポジションが行われなければならない。

　日本において行われる米国民事訴訟上のデポジションについては，日米領事条約上に根拠があり，東京および大阪の領事館においてデポジションを行うことができる。しかし，これら領事館におけるデポジションは，①デポジション用の部屋の数が限られていて，数か月先まで予約が埋まって

いるといったことが多く，②部屋のキャパシティの関係で出席することが可能な弁護士の数が限られ，電話・TV会議による参加も認められていないこと，③部屋の使用時間も厳格に決まっており，延長が一切認められないこと，④米国弁護士がデポジション参加のために来日する際には特別なビザを得る必要があることなど，原告弁護士にとっては非常に利用しづらい手続となっている[51]。このことから，被告側企業としては，原告に対して使いづらい手続を使うことを義務付けるよう，デポジションを日本で行うことを求めていくことになる[52]。

　このように手続が煩雑であることから，原告側弁護士としては，日米領事条約に基づかないデポジションを米国内で行うよう，被告に働きかけ，担当裁判官に対して申立てを行うことがある。このような原告側の申立てに対しては，上記Aerospatiale判決における判旨と同様，条約に基づくデポジションが排他的な手続とはならず，連邦民事訴訟規則に基づき米国におけるデポジションが行われる余地も存在する。そして，このような申立てが認められるかについては，当該デポジション対象者がどの程度米国に渡航した経験があるか，対象者にとって米国渡航の困難さがどの程度であるか，原告側が請求する対象者の数，当事者間の手続の公平等を考慮して決定される[53]。

　実際に日本所在の役職員に対するデポジションが問題となった裁判例における判断は割れている。たとえば，In re Honda Am. Motor Co., Inc. Dealership Relations Litigation[54]では，米国裁判所が日米領事条約に基づかず，日本人の従業員のデポジションを米国で行ったとしても日本の主権侵害にはあたらないとして，米国でのデポジションを行うことを認めた。

---

[51] 領事館において行われるデポジションの詳細については，https://japan.usembassy.gov/e/acs/tacs-7116.htmlなどが詳しい。

[52] 日本において領事館以外でデポジションを行うことも考えられるが，日本政府としては，これを正式な手続として認めていない。詳細については，小杉丈夫「アメリカの「ディスカバリー」の日本での実施をめぐる問題点」高桑昭＝道垣内正人『新・裁判実務体系3・国際民事訴訟法（財産法関係）』（青林書院，2002年）238頁以下を参照されたい。

[53] New Medium Technologies LLP v. Barco N.V., 242 F.R.D. 460 (N.D. Ill. 2007)

[54] 168 F.R.D. 535 (D. Md. 1996)

これに対して，Chris-Craft Indus. Products, Inc. v. Kuraray Co., Ltd.[55]では，原告側が米国での開催を主張したにもかかわらず，原則どおり，日本在住の個人については日本においてデポジションを行うことが求められている。

このような申立てがなされた場合，日本企業としては，原則に沿って，日米領事条約に基づく日本でのデポジションを要求すべきであろう。これに対して原告側から反論がなされた場合であっても，ディスカバリー紛争における１つの重要な局面であると認識し，可能な限り日本でのデポジションを勝ち取るよう努力すべきであろう。また，妥協案としては，原告から求められているデポジション対象者のうち，キーとなる対象者については日本でデポジションを行うことを確保し，それほど問題でない対象者については譲歩して米国でのデポジションを受け入れるなどの柔軟な交渉姿勢をとることも考えられる。

★日本企業が検討すべきポイント②―デポジション対策

前述のとおり，デポジションの内容は訴訟の行く末を左右するものであり，入念な準備が必要不可欠となる。重要な供述者については，必要に応じて，デポジション対応経験の豊富な日本弁護士も関与させたうえ，米国弁護士との間の準備セッションを複数回行う必要があろう。以下では，デポジションに向けた一般的な注意点の例を挙げる。これらを参考にしつつ，個別具体的な事案に即したアドバイスを米国弁護士から受けたうえで，デポジション本番に臨む必要がある。

- 事実関係に沿って一貫した証言をすること（証言の信用性の確保のため）
- 聞かれたことのみ答える（自発的に情報を提供することは避ける）
- 質問を正確に理解する（理解できなければ聞き返す）

55　184 F.R.D. 605（N.D. Ill. 1999）

(7) 弁護士依頼者間秘匿特権

弁護士依頼者間秘匿特権とは，弁護士とその依頼者との間の一定のコミュニケーションを保護し，民事訴訟等における開示の例外とするものである。英米法上認められる特権であり，これらのコミュニケーションが開示の対象とならないことを確保することにより，依頼者と弁護士との間で十分な情報交換ができ，それに基づき弁護士が適切な法的アドバイスを与えることができるという制度である。

弁護士秘匿特権が認められて，開示を拒否することができるための要件は以下のとおりである。

- 弁護士と依頼者との間のコミュニケーションであること
- 弁護士としての法的サービスに関するものであること
- 弁護士と依頼者間の秘密のコミュニケーションであること
- 犯罪または不正行為を目的としたものでないこと
- 秘匿特権が適切に主張され，放棄されていないこと

具体的には，①民事訴訟に先立って行われていた DOJ による刑事手続において，会社が弁護士から受けたアドバイス（メモ，電子メール等形式は問わない），②弁護士がクライアント企業の従業員に対してインタビューを行った際のインタビューメモなどが対象となる。

これらの情報については，第三者に開示されることがないよう，細心の注意を払う必要がある。特に，ディスカバリー対応の際に，原告側に秘匿特権の対象となる文書が開示されてしまったり，デポジションにおいて証言者が秘匿特権の対象情報を開示してしまった場合には，秘匿特権が放棄されたとみなされる可能性がある。そして，一度秘匿特権対象文書が開示されてしまった場合には，開示した文書がカバーしているトピックについてすべて秘匿特権が放棄されたとみなされる危険性がある。したがって，ディスカバリー上の開示における秘匿特権情報の有無の確認は非常に重要なステップとなる[56]。

---

56 この点は基本的に外部弁護士によるレビューにおいて秘匿特権の対象であるか否かを判断することになり，日本企業側としては，側面的な支援にとどまると考えられる。なお，弁護士がレビューをしたにもかかわらず，秘匿特権対象の文書が誤って原告側に開

> **★日本企業が検討すべきポイント―社内法務部とのコミュニケーション**
>
> 　法務部に所属する部員のほとんどが弁護士資格を有する米国とは異なり，日本の企業では，伝統的に弁護士資格を有さない法務部員が多数所属している。また，インハウスで法曹有資格者を雇用している場合であっても，米国の資格を有しているとは限らない（また，日本の外部弁護士に対して米国訴訟支援を委託している場合も，当該日本弁護士との間のコミュニケーションが秘匿特権の対象となるか否かが問題となる）。
>
> 　裁判例上は，日本の法曹資格を有する弁護士と依頼者との間のコミュニケーションについては，米国法上の秘匿特権が適用されるとする一方で，弁護士資格を有さない日本の法務部所属従業員とのコミュニケーションについては，秘匿特権の対象とならないとされている。
>
> 　上記のとおり，現状は，法曹資格の有無によって秘匿特権を主張できるか否かが異なってくる。日本企業としては，日本側での秘匿特権を確保するために，日本の弁護士を米国訴訟支援のために活用することや，法務部において米国訴訟を担当させるために米国または日本の法曹有資格者を採用するといった対応が考えられる。

3　クラス認証

　一定のディスカバリー手続が終了した後，当該クラスアクション訴訟において，集団原告（クラス原告ともいう）による訴訟追行が適切か否かについて裁判官が判断する手続が行われる。これがクラス認証手続（Class Certification）である。カルテル等の独禁法違反については，B to Bの大口顧客は別にして，被害を被った消費者等は，個人で訴訟を起こすことが現実的に不可能であることから，クラス認証がなされなかった場合には，事実上当該案件における損害賠償請求は不可能になる。したがって，日本企業被告としては，クラス認証に

　示されてしまった場合，一定の要件を満たせば，開示がなかったこととみなされ，秘匿特権の放棄にはならない場合がある（Clawbackと呼ばれる手続：連邦証拠規則502(b)参照）。

ける勝利は訴訟における勝利であると認識し，しっかり対応していく必要がある。他方，クラス認証手続において完全に勝つことは難しいという現実があり，和解を検討している場合には，クラス認証前後における和解のタイミングの検討が重要になってくる。

以下では，クラス認証手続についての説明を行ったうえで，日本企業としてどのような対応をすべきかについて検討していく。

連邦民事訴訟規則上，一定の要件を満たした場合にのみ，集団原告として訴訟を追行することが可能となる。当該要件を満たすか否かについての主張立証責任は原告側にあり，原告側（原告弁護士）は，ディスカバリーが一定程度終了した段階で，クラス認証の申立てを裁判所に対して行うことが求められる（連邦民事訴訟規則23条(a)項)[57]。

連邦民事訴訟規則上，クラスアクションが認められる要件は，以下のとおりである。

> ① クラスメンバーが多数にわたるため，訴訟併合による処理が現実的でないこと（numerosity 要件と呼ばれる）
> ② クラスメンバーに共通の法律上または事実上の論点があり（commonality 要件と呼ばれる）
> ③ クラスの代表となっている原告の主張が，クラス原告が主張するであろうものの典型となっていること（typicality 要件と呼ばれる）
> ④ クラスの代表となっている原告が，クラス全体の利益を十分に保護するであろうこと（adequacy 要件と呼ばれる）
> ⑤ 以下の3つの要件のうちいずれか1つを満たすこと
> ・個別の訴訟追行が行われることによって統一的な判断がなされない危険性があること（incompatible Standard 要件と呼ばれる）
> ・クラスに共通して適用される差止請求または宣言判決が適切であること
> ・上記②における共通の論点が個別に問題となる論点と比較して重要で

---

[57] クラスアクションの場合のディスカバリーは，①クラス認証のために必要な範囲でのディスカバリーを先行させ，②クラス認証手続を行い，③クラス認証が認められた場合にその他のディスカバリーを行うことが一般的である。

あること（predominance 要件と呼ばれる）

近時の独禁法クラスアクションでは，クラス認証における争いが1つのキーとなっている。前述のとおり，クラス認証がなされなければ事実上損害賠償請求が不可能となることから，クラス原告とその弁護士にとっては，1つの山場となる手続である。また，クラス認証の際に主張立証しなければならない論点の中には，たとえば共通の損害があるかなど，本案における論点に直結しているものが多く存在している。したがって，クラス認証手続が，訴訟の帰趨を左右する重要な論点について原告・被告双方が主張立証を行う場（ミニ・トライアルなどと呼ばれることもある）となり，独禁法訴訟のクラスアクションにおいて1つの山場となっている。

★日本企業が検討すべきポイント①—クラス認証要件に係る近時の重要論点とその活用

クラス認証が否定されれば，クラス原告からの請求は事実上行われなくなることから，日本企業としては，クラス認証手続において積極的に争っていくことになるであろう。クラス認証の要件については，近時連邦最高裁が立て続けに重要論点についての判断を行っており，これらの内容を検討し，日本企業としてどのように活用していくべきかについて検討する。

■論点の「共通性」について

クラス認証が認められるためには，クラスでの訴訟追行を正当化するための根拠がなければならず，その1つとして極めて重要なのが，論点の共通性の要件（そして，当該共通している論点が predominant であるか否かという要件）である。特に，クラス原告に対して共通の損害が発生していることを統計的なデータを用いた証明をすることが可能か，クラス原告の一部に損害が発生していない場合にクラス認証を行うことが可能か，等の論点につながってくる。これらの点については，近時の最高裁判決において一部明確になったが，事案によって，そして原告による主張立証方法，被告による反駁方法によっても異なってきている[58]。独禁法クラスアク

---

58 たとえば，Wal-Mart Stores, Inc. v. Dukes, 131 S.Ct. 2541（2011）では，原告クラスに所属しているメンバーの属性が違うため，統計的なデータに基づく損害の立証は不適

ションにおいても，一部の原告メンバーが損害を被っていないような場合や，原告メンバーによって損害がどの程度発生しているか違いがあるケースであるにもかかわらず統計的なデータに基づく一律の立証をしている場合もあり，具体的な事案に則した形で反論をしていく必要がある。

なお，損害の共通性を含む論点の共通性についての争いを行ううえでは，ディスカバリー手続において原告側から積極的に情報・証拠を収集することが必要となる。被告企業として，ディスカバリー手続の焦点は自己が提出する証拠の範囲をいかに限定するかになりがちであるが，ディスカバリーは相互に認められるものであり，原告側に対しても必要な証拠書類の提出，デポジション等を求めることができる。これらの証拠収集手続において，クラス原告メンバー間に共通性がないことについての証拠をいかに入手するかが非常に重要となる。この点については，企業の担当者としても，米国弁護士に任せきりにするのではなく，企業側の視点から，損害の個別性を主張・立証するために何が言えるかを検討する必要が出てくるだろう。

■仲裁条項とクラスアクション

BtoBの取引において，契約書の紛争解決条項上，契約上の紛争が起きた場合には裁判所ではなく仲裁に申立てをしなければならず，当該仲裁においてクラスアクションは認められないとする条項が存在することが多い。当該仲裁合意条項が文言どおり執行された場合，原告としては，仲裁による紛争解決を行う権利は残されているものの，各原告が被った損害額が少額である場合，クラスアクションが認められなければ損害回復を受ける機会が事実上失われることになる。

この点について争われたのが American Express Co. v. Italian Colors Restaurant 連邦最高裁判決[59]である。クレジットカード会社と各利用店舗との間の契約に，クラスアクションを認めない仲裁専属管轄条項が存在し

切であるとしたのに対して，Tyson Foods v. Bouaphakeo, 136 S.Ct. 1036（2016）では，平均的な原告メンバーが被った損害について，統計的な証拠に基づく立証をすればクラス認証が可能であるとした。

[59] 133 S.Ct. 2304（2013）

た。利用店舗側は，クレジット会社間での手数料レートについてのカルテルがあったとして，クラスアクションを提起したところ，被告側は，上記仲裁条項の執行を裁判所に求めた。

　最高裁は，当該仲裁条項に基づいても各原告の司法判断を受ける権利が侵害されるわけではないとの被告の主張を受け入れ，クラスアクションを却下した。

　これによって，少なくともBtoBのビジネスで，米国におけるクラスアクションのリスクが存在する分野では，契約書でクラスアクション除外規定を含む仲裁専属管轄条項を規定することにより，クラスアクションリスクを低減させることができることになる。ただし，各契約の相手方との取引量が大きい場合には，当事者ごとに仲裁を申し立てる十分な経済上のインセンティブが生じることになり，紛争を完全に回避することはできないことには留意が必要である。

★日本企業が検討すべきポイント②—和解戦略との交錯

　クラス認証手続については，上記のように，日本企業として検討すべき論点が多数存在し，事案によってはクラス認証において争う価値がある場合がある。他方，クラス認証の申立てが行われ，仮に原告クラスが認証されてしまった場合，原告を勢いづけることになり，和解交渉における力関係がクラス認証手続前と比べて原告側に大きく傾く可能性がある。実際に，クラス認証決定前後で原告からの和解要求額が大幅に上昇するケースも存在する。

　そして，独禁法案件におけるクラス認証手続については理論的に重要な論点が数多くあるものの，担当裁判官としては，違反行為が行われているにもかかわらずクラスが認証されないことにより，被害者に対する損害回復が実現できないという事態は避けたいという考慮が働くことなどから，クラス認証を裁判官が完全に否定することは稀であると言わざるを得ない。

　上記から，原告との和解での解決を望んでいる日本企業としては，クラス認証決定が原告との間の和解を成立させる1つのポイントであることを認識し，クラス認証決定前での和解成立を真剣に検討すべきであろう。た

だし，仮に和解に向けた交渉を並行して行っているとしても，クラス認証手続は訴訟において非常に重要な手続の1つであり，クラス認証手続において有利な主張立証をしていくことは和解交渉におけるレバレッジにもつながることから，クラス認証への準備はしっかりとする必要がある。たとえば，和解を念頭に置いているために，クラス認証に利用するエコノミストの専門意見を作成しないなどという対応は避けなければならない。

4 サマリージャッジメント

連邦民事訴訟規則上，原告・被告いずれの当事者であっても，ディスカバリーの終了から起算して30日が経過するまでの間であればいつでも，裁判官に対して，サマリージャッジメント（略式判決とも呼ばれる）の申立てをすることができる。サマリージャッジメントとは，開示された証拠や法律論から一方当事者が勝訴することが明らかである場合に，トライアルを行うことなく裁判官が終局判決を行うことができる制度である。たとえば，刑事手続において違反認定がなされていないが独禁クラスアクションにおいて被告となってしまった場合，ディスカバリーにおいて開示された証拠等から見て違反行為に関与していないことが明らかであるといえる場合，裁判官に対してサマリージャッジメントの申立てを行うことが考えられる。また，時効が成立すること，独禁法の適用除外が成立する等，トライアルにおける事実認定を行わなくても勝訴することが明らかである，といった場合には，サマリージャッジメントの申立てを行うことが考えられる。

サマリージャッジメントは，当該訴訟において「重要事実に関する争点がない（"no genuine issue of material fact"）」ことが認容される要件となる[60]。トライアルにおける陪審員による事実認定を経ることなく訴訟を終結させるものであり，裁判官がこれを認めるハードルは一般的に高いといわれている。しかしながら，最近の事案において被告がサマリージャッジメントで完全勝訴した

---

[60] Matsushita Electronic Industrial Co., Ltd. v. Zenith Radio Corporation, 106 S.Ct. 1348 (1986)

案件もあり，また，争点のうち一部について認容されるような場合もあることから，被告企業としては，活用しない手はないといえよう（ただし，和解のタイミングとの関係では下記参照）。

> ★日本企業として検討すべきポイント―サマリージャッジメントのタイミングと和解交渉
>
> 　前述のクラス認証手続においても同じことが言えるが，サマリージャッジメントは，これに勝てば訴訟から解放されることになる反面，前述のとおり判断基準が厳しいことから，事案によるもののこれが認められる可能性は必ずしも高くない。仮に同時並行で和解を検討している場合には，和解のタイミングをサマリージャッジメントの前にするか，後ろにするかを慎重に検討する必要がある。一般的に，サマリージャッジメントにおいて勝訴する可能性がある段階で和解をしたほうが被告側にも交渉材料があることになり，有利な条件を引き出しやすいと考えられる。サマリージャッジメントに敗訴してしまった場合，その後はトライアルによる陪審員の事実認定という予測可能性の乏しい最終判断が待っているのみとなるため，サマリージャッジメントにおいて申立てが認められなかった後に和解をすることは難しくなる。他方，事案によっては，サマリージャッジメントの申立てが認められる可能性が高そうな場合もあり，そういった事案では，上記のような和解に係るリスクを認識しつつ，申立ての結果が出るまで待つことが合理的な場合もあろう。和解のタイミングを検討する際には，このような多角的な検討が求められる。

事項索引

欧文

ACPERA ················· 156, 158
Answer ····················· 149
Attorney-client Privilege ········ 102
Attorney Work Product ········· 102
Commitment Procedure ·········· 92
Complaint ···················· 149
Department of Justice ·········· 148
DOJ ························· 148
e-discovery ·················· 184
EUの確約手続 ················· 92
FTAIA ······················ 173
Joint and several liability ········ 157
Majestrate Judge ·············· 147
Motion to dismiss ············· 149
Overcharge ·················· 159
proportionality ················ 185
Protective Order ·············· 148
Rule 11サンクション ··········· 183
Special Master ················ 147
TPP協定 ····················· 89
Volume of Commerce ··········· 159

あ行

意見聴取通知書 ················ 22
意見聴取手続 ·············· 21, 25
意思の連絡 ··················· 37
著しい損害 ··············· 96, 137
一定の取引分野 ··············· 107
　──における競争の実質的制限 ··· 48
違約金条項 ··················· 61
訴えの利益 ··················· 32
閲覧・謄写等制限 ············· 85
オプトアウト ················ 146

か行

回帰分析 ····················· 73
価格協定 ····················· 10
価格拘束行為 ················ 123
確約手続 ············· 89, 91, 100
　──に関するガイドライン（仮称）
　························· 93, 94
確約手続規則 ················· 93
課徴金減免申請 ··············· 82
課徴金減免制度 ······ 15, 18, 53, 89
課徴金納付命令 ··············· 26
株主 ····················· 60, 90
株主代表訴訟 ·············· 20, 81
カルテル ····················· 10
管轄 ························· 33
管轄権 ······················ 173
間接強制 ···················· 140
間接購買者 ··················· 59
間接購買者原告クラス ········· 146
環太平洋パートナーシップ協定 ··· 89, 91
関連売上高 ·················· 159
基本合意 ····················· 45
義務付け訴訟 ················ 106
客観的出訴期間 ··············· 30
求意見制度 ··················· 97
求償 ························ 160
協賛金の収受等 ·············· 117
供述聴取 ············ 13, 16, 52
供述調書 ····················· 16
行政調査 ····················· 12
共同の取引拒絶 ·········· 88, 133
クラスアクション ············ 145
クラス認証 ·················· 145
経済分析 ·················· 51, 53
結果としての行為の一致 ····· 38, 42

205

原告適格……………………………31
故意または過失……………………128
公共の利益…………………………36
抗告訴訟……………………………28
公正競争阻害性………………108, 124
公正取引委員会の確約手続に関する規則
　……………………………………93
公取委への求意見…………………65
購入・利用強制……………………117
個別調整……………………………45

さ行

再販売価格の拘束…………………88
裁量型課徴金制度…………………99
差額説…………………………69, 130
差止請求…………………………95, 96
差止請求訴訟……………89, 94, 132
サマリージャッジメント…………152
三倍額賠償…………………………157
事実上の推定力……………………84
市場分割協定………………………10
事前の連絡・交渉……………38, 42
執行停止制度………………………34
執行停止の申立て…………………104
実質的証拠法則…………34, 104, 128
　——の廃止………………………34
私的独占……………………………88
支配型私的独占………………88, 111
支払遅延……………………………119
司法取引……………………………155
シャーマン法………………………176
主観的出訴期間……………………30
主張立証責任………………………33
出訴期間……………………………30
受領拒否……………………………118
証拠の閲覧・謄写…………………103
証拠の閲覧・謄写手続……………22
証拠の収集…………………………77
消滅時効………………………60, 65, 67
侵害の「停止」または「予防」……138

審判記録の閲覧・謄写………77, 78
審判制度……………………………28
数量制限協定………………………10
ステークホルダー…………………90
前後理論……………………………72
相互拘束……………………………44
送達…………………………………171
想定価格の算出手法………………72
訴状…………………………………149
訴状却下の申立て…………………149
その他の濫用行為…………………120
損害の認定…………………………69
損害の立証責任……………………67
損害賠償請求………………………58

た行

代替執行……………………………140
大陪審………………………………187
立入検査………………………12, 101
端緒…………………………………12
単独行為……………………………89
担保提供……………………………96
仲裁条項……………………………201
調停…………………………………152
直接購買者原告クラス……………145
ディスカバリー………………26, 150
デポジション………………………150
答弁…………………………………149
独禁法25条…………………………127
トライアル…………………………153
取消訴訟……………………………85
　——の原告適格…………………105
取引先の従業員等の不当使用……117
取引対価の一方的決定……………120

な行

日米領事条約………………………191
入札談合……………………………10

は行

ハーグ送達条約 ………………………… 171
排除 ……………………………………… 108
賠償額の予定 …………………………… 62
排除型私的独占 ………………………… 88
排除措置計画 ……………………… 93, 100
排除措置命令 …………………………… 26
排除措置命令前置主義 ………………… 127
排他条件付取引 ………………………… 108
秘匿特権 …………………………… 102, 187
秘密保持命令制度 ……………………… 97
比例原則 ………………………………… 185
フォレンジック ………………………… 54
不公正な取引方法 ……………………… 88
不正競争防止法3条に基づく差止請求
　訴訟 …………………………………… 140
不正の目的 ……………………………… 96
不当な取引制限 …………………… 10, 36
不当な取引妨害 ………………………… 135
不当な値引き …………………………… 119
不当な返品 ……………………………… 118
不当利得返還請求 ……………………… 66
不当廉売 …………………………… 134, 136
フリーライダー問題 …………………… 124
文書送付嘱託 …………………………… 79
文書提出命令 ……………………… 80, 101
文書保全通知 …………………………… 169
米国司法省 ……………………………… 148
平成17年改正 …………………………… 28

平成25年改正 …………………………… 28
弁護士依頼者間秘匿特権 ……… 14, 102, 197
報告命令 ………………………………… 13
法律上の利益 …………………………… 31
保護命令 ………………………………… 148

ま行

物差理論 ………………………………… 73

や行

役員責任 ………………………………… 20
やり直しの要請 ………………………… 120
優越的地位の濫用 ………………… 88, 114

ら行

濫訴 ……………………………………… 180
濫用行為 ………………………………… 115
立証責任 ………………………………… 77
リニエンシー ……………………… 82, 156
リニエンシー制度 ……………… 15, 18, 53
略式判決 ………………………………… 152
留置 ………………………………… 12, 15
ルール26(f)カンファレンス …………… 183
連帯責任 …………………………… 67, 157
連邦民事訴訟規則 ……………………… 171

わ行

ワーク・プロダクトの法理 ……… 14, 102
和解 ……………………………………… 60
和解交渉 ………………………………… 62

判例索引

【最高裁判所】

最判昭35・7・8審決集10巻91頁 …………………………………………………… 106
最判昭48・3・1審決集19巻231頁 ……………………………………………………… 106
最判昭50・7・10民集29巻6号888頁〔第一次育児用粉ミルク（和光堂）事件〕 … 123
最判昭50・11・28民集29巻10号1592頁 …………………………………………… 106
最判昭52・6・20民集31巻4号449頁〔岐阜商工信用組合事件〕 ………………… 120
最判昭53・11・28民集29巻10号1592頁〔主婦連ジュース不当表示事件〕 ……… 32
最判昭59・2・24刑集3巻4号1287頁 ……………………………………………… 44
最判昭62・7・2民集41巻5号785頁 ………………………………………………… 65
最判平元・2・17民集43巻2号56頁〔新潟空港事件〕 ……………………………… 31
最判平元・12・8民集43巻11号1259頁〔鶴岡灯油訴訟事件〕 ………………… 59, 69, 84
最判平12・7・7民集54巻6号1767頁〔野村證券損失補填株主代表訴訟事件〕 … 129
最判平15・9・9判時1840号3頁 ……………………………………………………… 78
最判平22・12・17民集64巻8号2067頁〔NTT東日本事件〕 ………………… 107, 109
最判平24・2・20民集66巻796号〔多摩談合事件〕 ……………………………… 49
最判平27・4・28民集69巻3号518頁〔JASRAC事件〕 …………………………… 110

【高等裁判所】

東京高判昭32・12・25高民集10巻12号743頁〔野田醤油事件〕 ………………… 112
東京高判昭46・7・17行集22巻7号1070頁 ………………………………………… 78
東京高判昭52・9・19高民集30巻3号247頁〔松下電器産業事件〕 ……… 126, 128, 129
東京高判昭55・9・26高刑集33巻5号511頁〔石油価格カルテル刑事事件〕 …… 48
東京高判昭59・2・17審決集30巻136頁〔東洋精米機製作所事件〕 ……………… 108
大阪高判平5・7・30判時1479号21頁〔東芝エレベーター事件〕 ………………… 126
東京高判平7・9・25審決集42巻393頁〔東芝ケミカル審決取消請求事件〕 …… 37, 38
東京高判平8・3・29審決集42巻424頁〔協和エクシオ事件〕 …………………… 44
東京高判平13・2・8判時742号96頁〔社会保険庁シール談合事件〕 …………… 66
大阪高判平17・7・5審決集52巻856頁〔関西国際空港新聞販売事件〕 ………… 133
東京高判平18・2・17審決集52巻1003頁〔広島市上水道工事談合事件〕 ……… 72
東京高判平18・9・27判タ1233号169頁 …………………………………………… 78
東京高判平19・1・31審決集53巻1046頁〔ウインズ汐留差止請求事件〕 ……… 108
東京高判平19・2・1金判1303号58頁〔五洋建設事件〕 ………………………… 81
東京高判平19・11・16審決集54巻725頁〔三井住友銀行事件〕 ………………… 126
東京高判平19・11・28審決集54巻699頁〔ヤマト運輸事件〕 …………………… 134
東京高判平20・4・4審決集55巻791頁〔元詰種子カルテル事件〕 ……………… 46

東京高判平20・12・19審決集55巻974頁〔郵便区分機談合審決取消請求事件〕·················40
東京高判平24・4・17審決集59巻第二分冊107頁〔矢坂無料バス事件〕···············96, 136
東京高判平24・12・21審決集59巻第二分冊256頁〔ニプロ損害賠償請求事件〕·········125, 128
東京高判平25・8・30判時2209号10頁〔セブン−イレブン・ジャパン事件〕·····126, 127, 131
東京高判平25・11・1判時2206号37頁〔JASRAC事件〕······························32, 106
大阪高判平26・10・31判タ1409号209頁〔神鉄タクシー事件〕····················96, 135

【地方裁判所】

東京地判平9・4・9判時1629号70頁〔デジコン電子対日本遊戯銃協同組合事件〕·······125
奈良地判平11・10・20判タ1041号182頁〔奈良県上水道入札談合事件〕··················75
東京地判平12・3・31判時1734号28頁〔社会保険庁シール談合事件〕···················66
東京地判平13・6・27判時2129号46頁〔防衛庁石油製品談合事件〕·····················66
名古屋地判平13・9・7判時1788号27頁〔名古屋市下水道入札談合事件〕···············75
横浜地判平14・4・24審決集49巻683頁〔座間市土木工事等入札談合事件〕···············75
徳島地判平15・6・13審決集50巻889頁〔徳島県土木工事入札談合事件〕················75
東京地判平16・4・15判時1872号69頁〔三光丸事件〕·······························139
東京地判平18・9・1金判1250号14頁〔五洋建設事件〕······························81
東京地判平20・12・10判タ1288号112頁〔USEN対キャンシステム事件〕······101, 125, 130
東京地判平22・6・23判時1392号129頁〔防衛庁乾電池談合事件〕······················66
東京地決平23・3・30ウエストロー2011WLJPCA3306001〔ドライアイス事件〕·····96, 135
宇都宮地大田原支判平23・11・8審決集58巻第二分冊248頁〔矢坂無料バス事件〕····96, 136
大阪地判平24・6・15判時2173号58頁〔住友電工事件〕·····························81
神戸地判平26・1・14ジュリ1468号4頁〔神鉄タクシー事件〕·······················136
東京地判平26・6・19判時2232号102頁〔ソフトバンク対NTT事件〕·················139
東京地判平27・2・18判タ1412号265頁〔ワン・ブルー事件〕·······················140

【公正取引委員会】

審判審決昭24・8・30審決集1巻62頁···37
勧告審決昭47・9・18審決集19巻87頁〔東洋製罐事件〕····························112
審判審決昭56・7・1審決集28巻38頁〔東洋精米機製作所事件〕····················108
同意審決昭57・6・17審決集29巻31頁〔三越事件〕·······························121
審判審決平6・3・30審決集40巻49頁〔協和エクシオ事件〕··························44
同意審決平7・11・30審決集42巻97頁〔資生堂再販事件〕·························124
勧告審決平10・7・28審決集45巻130頁〔ナイキジャパン事件〕····················124
勧告審決平10・7・30審決集45巻136頁〔ローソン事件〕··························121
審判審決平15・6・27審決集50巻14頁〔郵便区分機談合審決〕·······················40
勧告審決平16・10・13審決集51巻518頁〔有線ブロードネットワークス事件審決〕······101
勧告審決平17・12・26審決集52巻436頁···121
同意審決平19・6・22審決集54巻182頁〔ドン・キホーテ事件〕····················121
排除措置命令平21・6・22審決集56巻第二分冊6頁〔セブン−イレブン・ジャパン事件〕···120

排除措置命令平23・6・22審決集58巻第一分冊193頁〔山陽マルナカ事件〕··················114
排除措置命令平23・12・13審決集58巻第一分冊244頁〔トイザらス事件〕···················114
排除措置命令平24・2・16審決集58巻第一分冊278頁〔エディオン事件〕·····················114
審判審決平24・6・12審決集59巻第一分冊59頁〔JASRAC事件〕·······························110
排除措置命令平25・7・3審決集60巻第一分冊341頁〔ラルズ事件〕···························114
排除措置命令平26・6・5審決集61巻103頁〔ダイレックス事件〕·······························114
審判審決平27・6・4審決集未登載〔トイザらス事件〕···115

【米国裁判所】

Allstate Ins. Co. v. Funai Corp., 249 F.R.D. 157 (M.D. Pa. 2008) ··················171
American Express Co. v. Italian Colors Restaurant, 133 S.Ct. 2304 (2013) ·········201
Bell Atlantic Corp. v. Twombly, 550 U.S. 544 (2007) ·······················179, 180
Chris-Craft Indus. Products, Inc. v. Kuraray Co., Ltd., 184 F.R.D. 605 (N.D. Ill. 1999) ····196
Conley v. Gibson, 78 S.Ct. 99 (1957) ···180
Feliz v. MacNeill, 493 F. App'x 128 (1st Cir. 2012) ······························171
Illinois Brick Co. v. Illinois, 431 U.S. 720 (1977) ································161
In re Aftermarket Automotive Lighting Prods. Antitrust Litigation, 2013 WL 4536569
　(C.D.Ca. 2013) ···158, 164
In re Automotive Parts Antitrust Litigation, 2013 WL 2456584 (E.D.Mi. 2013) ········182
In re Chocolate Confectionary Antitrust Litigation, 801 F.3d 383 (3rd Cir. 2015) ···147, 167
In re Elevator Antitrust Litigation, 502 F.3d 47 (2nd Cir. 2007) ··················167
In re Google, Inc., 2015-138 (Fed. Cir. 2015) ···································147
In re Graphics Processing Units Antitrust Litigation, 2007 WL 2127577 (N.D.Cal. 2007)
　···187
In re High Fructose Corn Syrup Antitrust Litigation, 295 F.3d 651 (7th. Cir. 2002) ·····168
In re Honda Am. Motor Co., Inc. Dealership Relations Litigation, 168 F.R.D. 535
　(D. Md. 1996) ··195
In re Text Messaging Antitrust Litigation, 630 F.3d 622 (7th Cir. 2010) ················181
In re TFT-LCD (Flat Panel) Antitrust Litigation, 07-MD-1827 Doc. No. 2686
　(N.D.Cal. 2011) ···168, 189
In re TFT-LCD (Flat Panel) Antitrust Litigation, 2010 WL 2629728 (N.D. Cal. 2010) ··165
In re Vitamins Antitrust Litigation, 2001 WL 1049533 (D.D.C.) ·······················193
Lotes Co. v. Hon Hai Precision Industry Co. (Foxconn), 2014 WL 2487188 (2d Cir. 2014)
　···176
Matsushita Electronic Industrial Co., Ltd. v. Zenith Radio Corporation, 106 S.Ct. 1348
　(1986) ···203
Minn-Chem, Inc. v. Agrium Inc., 683 F.3d 845 (En banc : 7th Cir. 2014) ···············176
Motorola Mobility LLC v. AU Optronics Corp., 746 F.3d 842 (7th Cir. 2014) ············176
New Medium Technologies LLP v. Barco N.V., 242 F.R.D. 460 (N.D. Ill. 2007) ···········195
Rio Tinto PLC v. Vale S.A., 306F.R.D.125 (S.D.N.Y. 2015) ···························186

Societe Nationale Industrielle Aerospatiale v. United States Dist. Court for S. Dist.
　of Iowa, 482 U.S. 522 (1987) ·· 192
Texas Industries, Inc. v. Radcliff Materials, Inc., 451 U.S. 630 (1981) ·························· 160
Tyson Foods v. Bouaphakeo, 136 S.Ct. 1036 (2016) ·· 201
U.S. v. LSL Biotechnologies, 379 F.3d 672 (9th Cir. 2004) ·· 175
Wal-Mart Stores, Inc. v. Dukes, 131 S.Ct. 2541 (2011) ··· 200

《著者紹介》

伊藤　憲二（いとう　けんじ）

〔略　歴〕
平成7年　京都大学法学部卒業
平成9年　弁護士登録（大阪弁護士会）
平成15年　ニューヨーク州弁護士登録
平成15年〜17年　公正取引委員会事務総局官房にて勤務
平成17年　弁護士再登録（第二東京弁護士会）

〔主要著書〕
『条解　独占禁止法』（弘文堂，2014年，共著）
『M&A法大系』（有斐閣，2015年，共著）
『論点体系　独占禁止法』（第一法規，2014年，共著）
『景品表示法の法律相談』（青林書院，2015年，共著）
『企業危機・不祥事対応の法務』（商事法務，2014年，共著）
『外国公務員贈賄規制と実務対応』（商事法務，2014年，共著）

大野　志保（おおの　しほ）

〔略　歴〕
平成17年　東京大学法学部卒業
平成18年　弁護士登録（第二東京弁護士会）
平成24年　ニューヨーク州弁護士登録
平成25年〜26年　東京大学法学部非常勤講師（民法）

〔主要著書〕
『条解　独占禁止法』（弘文堂，2014年，共著）
『景品表示法の法律相談』（青林書院，2015年，共著）
『企業危機・不祥事対応の法務』（商事法務，2014年，共著）
『外国公務員贈賄規制と実務対応』（商事法務，2014年，共著）

市川　雅士（いちかわ　まさし）

〔略　歴〕
平成15年　一橋大学法学部卒業
平成19年　東京大学法科大学院修了
平成20年　弁護士登録（第二東京弁護士会）
平成28年　ニューヨーク州弁護士登録

〔主要著書〕
『条解　独占禁止法』（弘文堂，2014年，共著）

渥美　雅之（あつみ　まさゆき）

〔略　歴〕
平成16年　上智大学法学部卒業
平成18年　神戸大学法科大学院修了
平成18年～20年　公正取引委員会事務総局にて勤務
平成21年　弁護士登録（第二東京弁護士会）
平成28年　ニューヨーク州弁護士登録
平成28年　米国連邦取引委員会（U.S.FTC）にて勤務
平成29年　英国弁護士登録

〔主要著書〕
『条解　独占禁止法』（弘文堂，2014年，共著）
『外国公務員贈賄規制と実務対応』（商事法務，2014年，共著）
『アジア新興国のM&A法制（第2版）』（商事法務，2016年，共著）

柿元　將希（かきもと　まさき）

〔略　歴〕
平成21年　一橋大学社会学部卒業
平成24年　一橋大学法科大学院修了
平成25年　弁護士登録（第二東京弁護士会）

〔主要著書〕
『企業危機・不祥事対応の法務』（商事法務，2014年，共著）
『外国公務員贈賄規制と実務対応』（商事法務，2014年，共著）

企業訴訟実務問題シリーズ
独禁法訴訟

2017年4月25日　第1版第1刷発行

編　者	森・濱田松本法律事務所
著　者	伊　藤　憲　二
	大　野　志　保
	市　川　雅　士
	渥　美　雅　之
	柿　元　將　希
発行者	山　本　　　継
発行所	㈱中央経済社
発売元	㈱中央経済グループパブリッシング

〒101-0051　東京都千代田区神田神保町1-31-2
電話　03（3293）3371（編集代表）
　　　03（3293）3381（営業代表）
http://www.chuokeizai.co.jp/
印刷／昭和情報プロセス㈱
製本／㈱関川製本所

©2017
Printed in Japan

＊頁の「欠落」や「順序違い」などがありましたらお取り替えいたしますので発売元までご送付ください。（送料小社負担）

ISBN978-4-502-22291-7　C3332

JCOPY〈出版者著作権管理機構委託出版物〉本書を無断で複写複製（コピー）することは，著作権法上の例外を除き，禁じられています。本書をコピーされる場合は事前に出版者著作権管理機構（JCOPY）の許諾を受けてください。
JCOPY〈http://www.jcopy.or.jp　eメール：info@jcopy.or.jp　電話：03-3513-6969〉

過去の裁判例を基に,代表的な訴訟類型において
弁護士・企業の法務担当者が留意すべきポイントを解説!

企業訴訟
実務問題シリーズ

森・濱田松本法律事務所[編]

◆ **企業訴訟総論** 　　　　　　　　　　　　　　好評発売中
　　難波孝一・稲生隆浩・横田真一朗・金丸祐子

◆ **証券訴訟** ――虚偽記載 　　　　　　　　　好評発売中
　　藤原総一郎・矢田　悠・金丸由美・飯野悠介

◆ **労働訴訟** ――解雇・残業代請求 　　　　好評発売中
　　荒井太一・安倍嘉一・小笠原匡隆・岡野　智

◆ **インターネット訴訟** 　　　　　　　　　　好評発売中
　　上村哲史・山内洋嗣・上田雅大

◆ **税務訴訟** 　　　　　　　　　　　　　　　　好評発売中
　　大石篤史・小島冬樹・飯島隆博

◆ **独禁法訴訟** 　　　　　　　　　　　　　　　好評発売中
　　伊藤憲二・大野志保・市川雅士・渥美雅之・柿元將希

◆ **環境訴訟** 　　　　　　　　　　　　　　　　好評発売中
　　山崎良太・川端健太・長谷川　慧

――以下,順次刊行予定――

◆ **会社法訴訟** ――株主代表訴訟・株式価格決定
　　井上愛朗・渡辺邦広・河島勇太・小林雄介

◆ **消費者契約訴訟** ――約款関連
　　荒井正児・松田知丈・増田　慧

◆ **システム開発訴訟**
　　飯田耕一郎・田中浩之

中央経済社